Über die Autorin:

Tigo Zeyen studierte Sprachwissenschaften, Romanistik und Politologie. Sie lebte in verschiedenen Ländern Amerikas und Europas und unternahm ausgedehnte Reisen besonders nach Asien. Ihr besonderes Interesse galt stets dem spirituellen Wissen und den geheimen Bräuchen fremder Völker. Seit 1987 arbeitet sie als Journalistin und Kommunikationsberaterin.

Ihr persönliches indisches Horoskop können Sie bestellen unter:
www. palmblattorakel.de

Tigo Zeyen

Das indische Horoskop

Charakter und Schicksal
im Zeichen von
Göttern und Göttinnen

Herausgegeben
von
Hans Christian Meiser

Besuchen Sie uns im Internet:
www.droemer-knaur.de
Alle Titel aus dem Bereich MensSana finden Sie im Internet unter
www.knaur-mens-sana.de

Originalausgabe 2003
Copyright © 2003 Knaur Taschenbuch.
Ein Unternehmen der Droemerschen Verlagsanstalt
Th. Knaur Nachf. GmbH & Co., München.
Alle Rechte vorbehalten. Das Werk darf – auch teilweise – nur
mit Genehmigung des Verlags wiedergegeben werden.
Umschlaggestaltung: ZERO Werbeagentur, München
Umschlagabbildung: Tigo Zeyen
Satz: Ventura Publisher im Verlag
Druck und Bindung: Nørhaven Paperback, A/S
Printed in Denmark
ISBN 3-426-87191-2

2 4 5 3 1

Mein Dank

für das Zustandekommen dieses Buches gilt all jenen Menschen, die meine spirituelle Entwicklung unterstützt haben oder es auch noch heute tun.

Besonders gilt dies für meinen besten Freund Armin Mildner, der mich mit dem indischen Subkontinent und seinen kulturellen, religiösen und spirituellen Traditionen zuerst vertraut gemacht und mich auf meinen Reisen dorthin meist begleitet hat.

Auch Anita Lipp-Quaeck, die mich erstmals auf die Palmblatt-Bibliotheken des Landes aufmerksam machte und mich dadurch in Kontakt mit der indischen Astrologie brachte, verdient ein herzliches Dankeschön.

Zudem möchte ich mich bei allen Mitarbeiterinnen meines Astro-Teams bedanken, die durch ihre wertvolle Mitarbeit an zahllosen individuellen Horoskopen nach dem indischen System in den vergangenen Jahren einen wahren Schatz an altem und neuem Material zur indischen Astrologie zusammengestellt und geordnet haben, der den Aussagen in diesem Buch mit zu Grunde liegt.

Inhalt

Einführung 9

Die Sterne über Indien.
Der älteste Kalender der Welt 15

Westlich-tropisch oder indisch-siderisch?
Zwei Sternkreise, zwei Philosophien 31

Die indischen Sternzeichen und ihre Zeiten.
Geburtsperioden 39

Das indische Horoskop. Persönlichkeitstypen
im Zeichen von Göttern und Göttinnen 41

  1. Der mutige Agni –
    Das göttliche Prinzip im Widder 47

  2. Der sinnliche Nandi –
    Das göttliche Prinzip im Stier 55

  3. Der einfallsreiche Vishnu –
    Das göttliche Prinzip im Zwilling 65

  4. Die charismatische Parvati –
    Das göttliche Prinzip im Krebs 75

  5. Der schöpferische Brahma –
    Das göttliche Prinzip im Löwen 83

6. Der weise Ganesha –
Das göttliche Prinzip in der Jungfrau 93

7. Die aufregende Lakshmi –
Das göttliche Prinzip in der Waage 103

8. Der gefährliche Yama –
Das göttliche Prinzip im Skorpion 113

9. Der temperamentvolle Indra –
Das göttliche Prinzip im Schützen 123

10. Der geniale Shiva –
Das göttliche Prinzip im Steinbock 133

11. Der abenteuerlustige Garuda –
Das göttliche Prinzip im Wassermann 143

12. Die heitere Ganga und die feinsinnige Yamuna –
Das göttliche Prinzip in den Fischen 153

Liebe, Familie, Freundschaft und Beruf.
Partnerschaften im Spiegel der indischen Astrologie 163

Die indische Sterndeutung. Astrologie der Zukunft 195

Astrologische Symbole und ihre Bedeutungen 201

Bibliografie 203

Einführung

Östliche Weisheit, östliches Wissen genießen heute auch in westlichen Ländern hohes Ansehen. Die indische Astrologie ist im Westen bisher aber quasi unbekannt. Dabei hat sie eine jahrtausendealte Tradition und spiegelt viele grundlegende Erkenntnisse der Menschheit wider. Sie wird noch heute als Wissenschaft an sehr vielen Hochschulen Indiens gelehrt und zugleich auf breiter Basis im Alltag angewandt.
Die Wurzeln dieser uralten Weisheitsschule sind in der prähistorischen Welt der Indus-Kultur im vierten Jahrtausend v. Chr. zu finden. Dort nämlich entstand die Astrologie als *Kalenderwissenschaft,* wovon bedeutende, erst vor kurzem entdeckte Überlieferungen zeugen. Sie wurde sodann in den Hochkulturen Mespotamiens weiterentwickelt und fand von dort aus später über Ägypten und Griechenland ihren Weg in den Westen. Ohne Zweifel sind also die indische und die westliche Astrologie miteinander verwandt. Daher lade ich Sie ein, liebe Leserinnen und Leser, mir zunächst auf eine kleine Zeitreise zu den Ursprüngen der Astrologie zu folgen, als Sternkunde und Sterndeutung noch eine Einheit bildeten und die entscheidenden Ideen für die Konzeption von Sternbildern und Sternzeichen entstanden, die noch heute in der indischen wie in der westlichen Astrologie gültig sind. Warum gibt es einen Skorpion? Wie entstand die Waage? Was bedeuten die Fische? Weshalb folgt dem Widder ausgerechnet der Stier? Gewinnen Sie neue Erkenntnisse über die Geschichte unseres Wissens und Weltverständnisses, über die Entwicklung unserer Mythologien und über die komplexen Beziehungen von Kosmos, Mensch und Natur.
Die Gemeinsamkeiten der indischen mit der westlichen Astrologie sind vor allem historisch bedingt und sicher nicht von

der Hand zu weisen. Doch arbeitet die indische Astrologie seit jeher mit völlig eigenständigen Techniken und Methoden der Persönlichkeits- und der Schicksalsanalyse. Der entscheidende Unterschied zwischen beiden Astro-Systemen besteht in der Anwendung zweier verschiedener Sternkreise als Grundlagen des Horoskops. Lassen Sie sich zuerst erklären, was die Differenz zwischen dem siderischen Zirkel der indischen Schule und dem tropischen Zirkel der westlichen Schule ausmacht, warum zum Beispiel eine westliche Jungfrau ein indischer Löwe sein oder ein Stier zum Widder werden kann.

Unter welchem Sternzeichen Sie selbst nach indischer Lehre geboren wurden, ersehen Sie sodann aus einer einfachen Tabelle von Geburtsperioden (auf Seite 39). Diese ermöglicht es Ihnen auf einzigartige Weise, Ihr indisches Sternzeichen sofort, ohne jede Rechenoperation zu ermitteln und bietet damit erstmals einen direkten Zugang zur astrologischen Analyse aus indischer Sicht.

Seit alters her werden die zwölf indischen Sternzeichen als Bilder der verschiedenen Persönlichkeitstypen Göttern und Göttinnen zugeordnet. Haben diese auch exotische Namen, sind die Menschen im Osten und im Westen doch in gleicher Weise an den bedeutenden Fragen des Lebens interessiert. Vor diesem Hintergrund offenbaren sich Ihnen nun Charakter und Schicksal unter den Sternen Indiens, werden die innersten Geheimnisse der Menschen entschlüsselt. So werden Sie viel Aufschlussreiches über sich und andere erfahren, etwa, warum eine Lakshmi die geborene Verführerin ist, wie ein Shiva Karriere machen kann oder wie ein Yama immer gesund bleibt. Wer sich im Spiegel des indischen Horoskops betrachtet, wird fasziniert feststellen, welche große Aussagekraft dieses hat.

In Indien kommt der Sterndeutung noch immer ein solch hoher Stellenwert in der Gesellschaft zu, dass (fast) niemand etwas wirklich Wichtiges unternehmen würde, ohne zuvor einen Astrologen befragt zu haben. Private, wirtschaftliche, ja sogar politische Entscheidungen werden auch heute noch häufig von den aktuellen Sternkonstellationen abhängig gemacht. Wollen zwei Menschen heiraten, sollten ihre Horoskope harmonieren. Auch bei der Wahl von Freunden und Geschäftspartnern werden sie zu Rate gezogen. Überhaupt war es immer schon besonders wichtig zu wissen, welche Typen den Sternen nach zueinander passen und welche nicht.

Daher habe ich den verschiedenen Astro-Kombinationen ein eigenes Kapitel gewidmet, nicht ohne ein Augenzwinkern – der Unterhaltungswert der Astrologie ist schließlich unbestritten. So erwartet Sie hier ein amüsantes Gesellschaftsspiel. Es gibt Anregungen, wie man das große Glück findet, es erklärt, mit wem man gut zusammenarbeiten kann, und es gibt Tipps, neben wen man sich zum Beispiel bei einem Dinner setzen sollte, um einen angenehmen Abend zu verbringen.

Vergleichen Sie aber auch ruhig die Interpretation Ihres Zeichens mit der des Zeichens Ihres Partners und mit denen der jeweiligen Zeichen Ihrer Freunde, Verwandten und Kollegen und finden Sie heraus, wie Sie und die anderen charakterisiert sind. Indem man die eigenen Wesenszüge und auch die fremder Menschen kennen lernt, wird die Persönlichkeitsbildung aktiviert und die Voraussetzung für echte Toleranz geschaffen, die unsere multikulturelle Gegenwart so dringend nötig hat.

Einen Einblick in die geradezu unerschöpfliche Weisheit der indischen Astrologie gewährt ein abschließendes und dabei zukunftweisendes Kapitel. Indiens Astrologie nämlich gilt auf diesem faszinierenden Subkontinent noch immer als die hohe Kunst der Prophezeiungen. Sie zeichnet sich durch eine feine Prognostik aus, die an Präzision kaum zu übertreffen ist. Sie vermag es, Lebensläufe in früheren Existenzen zu erkennen, seinen jetzigen Lebensweg bis ans Ende zu beleuchten, seine

Lebenserwartung zu kalkulieren und sogar die zu erwartenden Wiedergeburten ersichtlich zu machen. Selbstverständlich ist dieses Vorgehen an die hinduistische Karma-Lehre gebunden, die schon seit langem auch im Westen immer mehr Anhänger findet. Meine umfassenden und höchst abwechslungsreichen Erfahrungen mit der indischen Astrologie haben mich zutiefst davon überzeugt, dass hierin der Schlüssel zur Zukunft der Astrologie weltweit liegt.

Die Kunst der indischen Astrologie lernte ich während oft langer Aufenthalte in diesem vielgestaltigen Land kennen, schätzen und beherrschen. Dabei hatte ich die Gelegenheit, sie mit Hilfe einheimischer Experten auch anhand alttamilischer und sanskritischer Originalquellen zu studieren und seither viele praktische Erfahrungen damit zu sammeln. Ein sehr lebendiger Ausdruck dieser alten Lehre sind im Übrigen noch heute die Horoskope, die Ratsuchende in den so genannten Palmblatt-Bibliotheken erhalten. Diese wertvollen Sammlungen vermitteln vor allem ein Gefühl für den ästhetischen Reiz der jahrtausendealten astrologischen Weisheit Indiens. Wer einmal mehr sowohl über den kulturgeschichtlichen als auch über den mythologischen Hintergrund der indischen Sterndeutung und über die Palmblatt-Bibliotheken erfahren möchte, sei hier auf mein Buch *Das Palmblatt-Orakel* verwiesen, das Ihnen eine unbeschwerte Reise durch das Land und seine spirituellen Traditionen ermöglicht.

Ich würde mich freuen, wenn es mir in diesem Buch gelungen sein sollte, Ihnen einen Einblick in die Licht- und Schattenseiten Ihres Wesens sowie in die Chancen und Gefahren Ihres Schicksals zu geben, wie sie sich im Licht der indischen Astrologie offenbaren, und Ihnen damit einen neuen Weg zu einem differenzierten Selbstverständnis zu erschließen. Meinen Ausführungen liegt natürlich die einschlägige indische Literatur zu Grunde. Viele alte Quellen habe ich dabei nun mit erheblichem Aufwand zum ersten Mal in unseren modernen Lebenszusammenhang gestellt.

Wer es schließlich ganz genau wissen will und seinem individuellen indischen Horoskop näher kommen möchte, findet im Internet unter der Adresse www.palmblattorakel.de einen schnellen Zugang.

Die Sterne über Indien.
Der älteste Kalender der Welt

Ad astra – zu den Sternen!

Bis heute gibt die Frage nach dem historischen Kontext, in dem der Sternkreis, also jener Bereich des Kosmos, in welchem man von der Erde aus betrachtet Sonne, Mond und Planeten sich bewegen sieht, entdeckt wurde, zu heftigen Kontroversen Anlass. Auch die Frage, wer wohl wann und warum erstmals bestimmte Sternbilder erfand, ist unter den Gelehrten hart umstritten, der Ursprung der zwölf astrologischen Sternzeichen erst recht. Seit einigen Jahren weisen nun spezielle Erkenntnisse auf einen ganz bestimmten Ausgangspunkt. Die Wurzeln der Astronomie wie auch der Astrologie sind wohl in der prähistorischen Welt der Indus-Kultur im vierten Jahrtausend v. Chr. zu suchen, als Sternkunde und Sterndeutung als *Kalenderwissenschaft* noch untrennbar miteinander verbunden waren.
Der altgriechische Astronom Hipparch von Nicaea (um 190 – 125 v. Chr.) wird als Begründer der wissenschaftlichen Astronomie gerühmt, die sich mit der räumlichen und zeitlichen Erfassung aller Erscheinungen am Himmel befasst, um dadurch zu Erkenntnissen über die Gestirne sowie über den Aufbau und die Geschichte des Alls zu gelangen. Er erstellte ein Verzeichnis von 1008 Fixsternen und entdeckte etwa im Jahr 130 v. Chr. die so genannte *Präzession,* das ist das allmähliche Vorrücken der Fixsterne im Verhältnis zu den Äquinoktien, was im Folgenden noch genau erläutert wird.
Der deutsche Astronom Nikolaus Kopernikus (1473 – 1543) leitete eine neue Epoche als Schöpfer des modernen, heliozentrischen Weltbildes ein; er erkannte, dass sich die Erde und die

anderen Planeten um die Sonne drehen – nicht umgekehrt, wie man viele Jahrhunderte lang geglaubt hatte.

Der deutsche Astronom Johannes Kepler (1571 – 1630) formulierte als kaiserlicher Mathematiker in der Nachfolge des dänischen Astronomen Tycho Brahe am Prager Hof ab 1601 die grundlegenden Gesetze der Bewegungen der Planeten, denen die jahrelangen, exakten Beobachtungen Brahes zu Grunde liegen.

Wirklich neu waren diese Erkenntnisse jedoch nicht. In den vergangenen Jahrzehnten gelang zum Beispiel anhand babylonischer Keilschrifttafeln mit astronomischen und astrologischen Texten (besonders aus der so genannten *Mul.Apin-Serie,* die heute im British Museum in London lagert) der Nachweis, dass die Sumerer, die sich ab 3100 v. Chr. im südlichen Mesopotamien zwischen Euphrat und Tigris ansiedelten, schon Mitte des dritten Jahrtausends v. Chr. wussten, dass sich die Erde und die anderen Planeten um die Sonne drehen. Dabei war ihnen die Sonne zweifellos als Stern bekannt. Darüber hinaus besaßen sie beinah neuzeitliche astronomische Kenntnisse über die Stellungen der Gestirne am Himmel, über die Präzession der Fixsterne, über die Bewegungen der Planeten, über die Länge des Jahres usw. Doch sollte dieses Wissen später für Jahrhunderte verschollen sein. Woher aber kam es? Und wer hatte es bis dato bereits in vielen hundert Jahren zusammengetragen?

Nach neuen Erkenntnissen ist es eher unwahrscheinlich, dass die antike Astronomie und damit auch die Astrologie in der sumerischen Kultur im Zweistromland ihren Anfang nahmen. Mindestens die Fundamente der höchst elaborierten Sternkunde der Sumerer dürften in anderen geschichtlichen und kulturellen Zusammenhängen geschaffen worden sein. Mit der Frage nach dem *Wo* stellt sich zunächst die Frage nach der Herkunft der Sumerer, die bislang ungeklärt ist. Dennoch lassen sich einige Fakten dazu festhalten.

Da seine überlieferten Sagen und Lieder auf eine lange Wanderschaft deuten, ist es am wahrscheinlichsten, dass dieses Volk von sehr weit her kam und außerdem auf dem Seeweg Mesopotamien am Unterlauf von Euphrat und Tigris erreichte, wo es die so genannte Uruk-Kultur vorfand und sich dieser bald als überlegen erwies. Die Sumerer brachten eine eigenständige Kultur mit, die ihren Ausdruck besonders in einer Bilderschrift fand, die sie später zur berühmten babylonischen Keilschrift als phonetischer Schrift weiterentwickelten. Dabei sind hunderte tönerner Bildschrifttäfelchen aus der Anfangszeit um 3000 v. Chr. noch erhalten. Sie zeugen davon, dass die Sumerer das Zweistromland schnell hoch entwickelten, weil sie offensichtlich bereits über ein erstaunliches Wissen verfügten.

Sie verstanden es gut, ihre Stadtstaaten wie Uruk, Ur, Lagaseb und Kisch politisch zu ordnen und dazu eine planvolle Wirtschaft zu betreiben. Dazu legten sie zum Beispiel Kanäle, Hochwasserschutzdämme sowie Bewässerungsanlagen an und betrieben Ackerbau und Viehzucht auf hoher Stufe. Sie bauten Paläste und Hochtempel, fertigten Gefäße aus Blei, Kupfer, Silber und Gold sowie Figuren aus Stein. Der größte Teil des Landes war im Besitz der städtischen Tempelpriesterschaften. Könige und Fürsten galten dabei als Vertreter der Götter.

Die Grundlage für die erstaunlichen administrativen und technischen Leistungen der Sumerer waren fundierte Kenntnisse sowohl auf dem Gebiet der Mathematik als auch im Bereich der Astronomie, die in erster Linie dem Zweck der Zeitrechnung diente. Bekannt wurde das so genannte Sexagesimalsystem der Sumerer, das auf der Zahl 60 aufbaut und bis heute in der Zeitrechnung fortlebt. 60 Sekunden ergeben eine Minute, 60 Minuten eine Stunde, 360 Grad (sechs mal 60) ergeben einen Kreis und 360 Tage (zwölf mal 30) fast ein Jahr.

Nun legt eine Reihe von archäologischen Funden nahe, dass

um 3000 v. Chr. Menschen aus Indien ins Zweistromland kamen und eine Kultur mitbrachten, die bereits eine bedeutende Entwicklung hinter sich hatte. Im Tal des mächtigen Stromes Indus war ab 4500 v. Chr. eine Zivilisation entstanden, die sich um 3000 v. Chr. in voller Blüte befand und die sich noch bis zum Einfall arischer Stämme in den indischen Subkontinent um 1500 v. Chr. behaupten sollte. Ihre Zentren, besonders Moenjo Daro und Harappa, wurden erst im 20. Jahrhundert wieder entdeckt. Die Ausgrabungsstätten liegen im heutigen Pakistan. Die Funde zeugen von einer extrem schöpferischen Gesellschaft. In Harappa legte man zum Beispiel eine technisch ausgeklügelte Wasserversorgung mit unterirdischen Kanalsystemen frei. Die Menschen der Indus-Kultur verstanden sich also offensichtlich bereits darauf, Flüsse zu regulieren, Felder zu bewässern und Städte anzulegen. Die Planung, Organisation und Durchführung solcher Projekte setzte nicht nur ein enormes technisches Know-how voraus, sondern auch klare Vorstellungen von zeitlichen Abläufen, von der Regelung der Rechtsverhältnisse und von der Erhebung von Abgaben. Weitere Funde wie Schmuckstücke, Steinsiegel und Amulette mit aufschlussreichen Abbildungen weisen ebenfalls auf ein komplexes Staatswesen und auf eine hoch differenzierte, arbeitsteilige Gesellschaft hin.

Waren es also die Sumerer, die aus dem Indus-Tal auf dem Seeweg um 3100 v. Chr. an die Mündung von Euphrat und Tigris gelangten? Brachten sie ihr Wissen insbesondere eben auf mathematischem und astronomischem Gebiet aus der Indus-Kultur mit?

Wenn sich ein solch direkter Zusammenhang zwischen den beiden großen prähistorischen Hochkulturen des Ostens nie eindeutig nachweisen lassen wird, sind doch die Ähnlichkeiten beider Zivilisationen, die sich im Laufe der Jahrhunderte sicher gegenseitig beeinflusst und befruchtet haben, von denen die Indus-Kultur aber zweifellos die ältere ist, nicht zu übersehen.

Zum Beispiel war, wie bereits angedeutet, in Sumer die Klasse der Priester staatstragend, ganz ähnlich wie dies in Indien schon zur Zeit der Indus-Kultur der Fall war und wo noch heute die Priesterkaste der Brahmanen die höchste Kaste ist.

Außerdem ließe sich die Frage nach der Ursache der Migration der Sumerer – warum verließen sie einst ihre Heimat? – mit einem urzeitlichen, aber historischen Ereignis erklären, das auf den indischen Subkontinent als ihr Herkunftsgebiet weist: der Sintflut.

Wie alle Flutsagen verdankt wohl auch die Sintflutsage ihren Ursprung dem Erlebnis einer tatsächlichen Flutkatastrophe auf der Erde, wie sie seit jeher in Flussgebieten auftraten. Eine der ältesten Sintfluterzählungen ist in der *Satapatha Brahmana* überliefert, einer altindischen Schrift von ca. 1000 v. Chr. Hier ist es der indische Urvater Manu, dem von dem Fisch Matsya, einer Erscheinungsform des indischen Gottes zur Erhaltung der Schöpfung, nämlich von Vishnu, geheißen wird, wegen einer bevorstehenden großen Flut ein Schiff zu bauen.

Sehr wahrscheinlich ist hiermit das Original des Sintflut-Mythos angesprochen. Den Namen des Flusses, an dessen Ufern sich eine der ältesten Zivilisationen der Menschheit entwickelte, überlieferten die arischen Eroberer nämlich mit *Sindhu*. Erst persische Krieger, die unter Darius um 500 v. Chr. hier angelangten, verformten seinen Namen zu *Hindu*. Als Alexander der Große in seinem legendären Marsch von Griechenland aus im Jahre 326 v. Chr. hier ebenfalls die Grenze zum indischen Subkontinent erreichte, ging das in der griechischen Sprache nicht angehauchte *H* am Anfang des Namens verloren. Der römische Historiker Plinius prägte im ersten Jahrhundert n. Chr. den bis heute gültigen Namen des mächtigen Flusses, *Indus*. Das Land dahinter wurde danach *Indien* genannt, seine Bewohner *Inder*. *Sind* lautet aber noch immer der Name des Landes am Indus-Delta, heute eine pakistanische Provinz, wo die große Flut einst stattgefunden haben mag.

Doch zurück zur Sternkunde, denn die einleuchtendsten Argumente für einen ursprünglichen Wissenstransfer von der Zivilisation am Indus nach Mesopotamien liefern sumerische Keilschrifttafeln als bisher älteste und ausführlichste Zeugnisse astronomischer Kenntnisse, die nun entschlüsselt wurden.

Der Wissenschaftshistoriker und Altorientalist Professor Werner Papke konnte jüngst mit Hilfe der Tafeln der *Mul.Apin-Serie* zeigen, dass das moderne Weltbild den Sumerern bereits bekannt war, und darüber hinaus auch, dass das berühmte altsumerische Gilgamesch-Epos um den legendären Gilgamesch, König von Uruk, entstanden im vierten Jahrtausend v. Chr., ein verschlüsselter astronomischer Bericht ist. Er ist nicht nur in einer eher bruchstückhaften Bearbeitung in der Bibliothek des assyrischen Königs Assurbanipal (668 – 627 v. Chr.), der 648 v. Chr. Babylon eroberte – seine in der Stadt Ninive am Tigris gefundene Tontafel-Bibliothek ist die bedeutendste Sammlung babylonischer wie assyrischer Literaturdenkmäler –, überliefert, sondern auch in aussagekräftigen Resten einer sumerischen Fassung in altbabylonischer Keilschrift.

Papke weist nach, dass die Chronologie der Ereignisse im Gilgamesch-Epos der Reihenfolge der Sternbilder im Stern- beziehungsweise Tierkreis entspricht. Da dies jener Bereich des Fixsternhimmels ist, in dem man von der Erde aus betrachtet die Sonne, den Mond und die Planeten sich bewegen sieht, bedeutet dies, dass die Sumerer bereits genaueste Kenntnis von der so genannten Ekliptik, der Bahn des scheinbaren Laufs der Sonne jährlich um die Erde, und auch von den Bahnen der Planeten hatten. Gilgamesch selbst, dessen Reise durch den Sternkreis im Epos Poesie wird, ist laut Papke im Merkur versinnbildlicht.

Die Himmelskörper waren demzufolge im alten Sumer vergöttlichte Helden, ähnlich wie man in Indien von alters her auch Planetengötter kennt, denen man jedoch nach aktuellem Wissensstand keine geschichtlichen Gestalten zuordnet. Mit Keilschrift überliefert in sumerischen Königslisten ist, dass sich die Herrscher von Uruk als *Söhne der Sonne* bezeichneten. Die Sonne wird also als Stammvater gesehen. Da es sich bei den ersten Einwohnern von Uruk um ein hamitisches Volk, benannt nach Ham, dem ersten Sohn Noahs, handelte, entsprach der Sonnengott dem Ham. Die Herrscher von Uruk als *Söhne der Sonne* wurden nun entsprechend ihrer zeitlichen Aufeinanderfolge den damals bereits bekannten Planeten zugeordnet, mit dem ältesten außen, also bei Saturn beginnend, bis hin zum jüngsten, nämlich Gilgamesch, der als Merkur der Sonne am nächsten war. Damit findet sich hier die eindrucksvolle Darstellung eines antiken heliozentrischen Weltbildes.

Umgekehrt bedeutete natürlich die Vergöttlichung eines Sterblichen dessen Versetzen an die Himmelssphäre. Sicherlich wurde nicht jedem diese Verewigung zuteil, sondern nur jenen, die sich um ihr Volk besonders verdient gemacht hatten. Dieses Verfahren erwies sich als sehr staatstragend und staatserhaltend. In der Keilschriftserie *Mul.Apin* eindrücklich überliefert ist in diesem Zusammenhang auch, dass bestimmten Sternbildern in altbabylonischer Zeit jeweils eine Gottheit zugeordnet wurde. In Indien wird noch heute jedes astrologische Sternzeichen mit einer Gottheit verbunden.

Auch der Reinkarnationsgedanke, der für die indische Kultur bis auf den heutigen Tag so typisch und prägend ist, war den Sumerern vertraut. Der Mensch setzt sich auch nach ihrer

Lehre aus einem sterblichen Leib und einer unsterblichen Seele zusammen. Beim Tod verlässt die Seele den Körper. Dieser kehrt nicht wieder zurück, wohl aber die Seele, und zwar in einer neuen Gestalt. So wandert sie durch alle Lebewesen, Menschen, Tiere und Pflanzen. Wie Papkes Untersuchung des Gilgamesch-Epos zeigt, waren wohl astronomische Beobachtungen die Basis für diese Lehre. Der Mond oder Planeten wie die Venus sind in verschiedenen Phasen nämlich sichtbar oder auch nicht, und Sterne und Sternbilder kommen und gehen. Sobald zum Beispiel ein Sternbild am Westhorizont unterging, bedeutete das seinen Tod. Es ist dann bis zu einem halben Jahr unsichtbar, was einem Aufenthalt in der Unterwelt gleichkam, als deren Eingang der Westhorizont des Himmels als Tor zur südlichen Hemisphäre galt. Sobald dieses Sternbild am Osthorizont wieder erschien, hieß dies Wiedergeburt.

Die Sumerer hatten also bereits eine exakte Vorstellung vom Fixsternhimmel als dem unendlichen Raum der Sterne und eine ebenso klare Konzeption von Sternbildern als Ländern des Himmels. Ihnen war dabei der Stern- beziehungsweise Tierkreis bekannt und auch die Bewegungen der Sonne, des Mondes und der Planeten darin sowie verschiedene Planetenphasen. Mehr noch: Eine spektakuläre astronomische Reform, die zudem weit reichende Schlüsse zulässt, zeigt, dass die Sumerer zweifellos um die Präzession der Fixsterne relativ zu den Äquinoktien wussten.

Zur Erklärung dieses Phänomens: Wie schon erwähnt, erscheint der jährliche Lauf der Erde um die Sonne einem Beobachter auf der Erde als Lauf der Sonne um die Erde. Diese scheinbare Sonnenbahn wird *Ekliptik* genannt. Weil nun die Rotationsachse der Erde in einem Winkel von 23 1/2 Grad zum Himmelsäquator, also dem in den Raum hinein verlagerten Sonnenäquator steht, hat sie mit ihm zwei Schnittpunkte. Stünde die Rotationsachse der Erde senkrecht zur Bahn der

Erde um die Sonne, dann würde sich die Sonne, von der Erde aus betrachtet, nur auf einer Linie beziehungsweise Ebene entlang des Äquators bewegen. Die Schiefe der Ekliptik bedingt die vier Jahreszeiten, astronomisch gekennzeichnet durch vier Kardinalpunkte: den Frühlingspunkt, die Sommersonnenwende, den Herbstpunkt und die Wintersonnenwende. Frühlings- und Herbstpunkt markieren den Stand der Sonne an der Hemisphäre zum Frühlings- beziehungsweise zum Herbstanfang, wenn Tag und Nacht jeweils gleich lang sind. Es handelt sich dabei um die beiden Bahnschnittpunkte, die auch als *Äquinoktien,* also Tagundnachtgleichen, bezeichnet werden. Die Sonnenwendepunkte markieren den Stand der Sonne an der Hemisphäre zum Sommer- beziehungsweise zum Winteranfang. Zum Sommeranfang ist der Tag am längsten und die Nacht am kürzesten. Zum Winteranfang ist der Tag am kürzesten und die Nacht am längsten.

Nun kann man über längere Zeiträume beobachten, dass sich die Lage der Fixsterne relativ zu diesen Kardinalpunkten allmählich verändert. Die Äquinoktien lassen sich nämlich jedes Jahr vor einem anderen Punkt am Fixsternhimmel abbilden, mit anderen Worten zur Zeit der Tagundnachtgleichen sind die Fixsterne und damit die Sternbilder am Firmament im Vergleich zum Vorjahr ein kleines Stück vorangeschritten. Daher spricht man von Präzession.

Diese Verschiebung der Tagundnachtgleichen vor dem Fixsternhimmel beträgt rund ein Grad in 72 Jahren, das heißt, dass der Frühlings- und der Herbstpunkt in 72 Jahren jeweils um etwa einen Grad gegenüber dem Fixsternhimmel zurückbleiben und sich damit gegen den Uhrzeigersinn langsam durch den gesamten Sternkreis bewegen. Damit wandern die Äquinoktien in 30 mal 72 Jahren, also in 2160 Jahren, um 30 Grad zurück und in 25 920 Jahren um 360 Grad, also einmal durch den ganzen Sternkreis. Anders ausgedrückt verspäten sich von der Erde aus besehen die Auf- und Untergänge der Sterne in 72 Jahren um etwa einen Tag.

Vor diesem Hintergrund kann die im Gilgamesch-Epos geschilderte Sternkonstellation nur zu einer bestimmten Zeit gültig gewesen sein. Papke weist nach, dass dies etwa 2340 v. Chr. der Fall war. Nur zu dieser Zeit stimmen die im Epos angegebenen Positionen der Gestirne und ihre Proportionen zu den eben genannten Punkten. Dabei ist das Jahr 2340 v. Chr. ein außergewöhnliches Jahr.

Der römische Schriftsteller Servius notiert um 400 n. Chr. in seinem Kommentar zu Vergils Schrift *Georgica,* dass der altbabylonische Sternkreis zunächst nur elf Sternbilder enthielt, ehe die Waage als zwölftes Sternbild in einer ganz besonderen geschichtlichen und astronomischen Situation geschaffen wurde, indem man sie von den überdimensionierten Scheren des Skorpion abtrennte und entsprechend umdeutete.

So gab es wohl einmal einen politischen Grund für die Einführung des neuen Sternbilds, das ja noch heute als Symbol von Recht und Gerechtigkeit gilt. Sargon I., Mundschenk des sumerischen Königs Ur-Zababa von Kisch, riss 2340 v. Chr. die Herrschaft in Mesopotamien an sich, machte Akkad zu seiner Hauptstadt und dehnte in seiner Regierungszeit (2340–2285 v. Chr.) sein Reich und seinen Einfluss mächtig aus. Sogar der Handel mit Indien ist in dieser Zeit bezeugt. Er hatte allen Grund zur Schaffung eines neuen Sternbilds namens Waage. Waage heißt im Akkadischen *zibanatum* und wird keilinschriftlich mit den Worten *kittu shame* – *Gerechtigkeit des Himmels* – erläutert. Sargon I. putschte sich ja an die Macht und stellte sich und seine unrechtmäßig erworbene Herrschaft nun also unter dem Zeichen der Waage als *Gerechtigkeit des Himmels* dar.

Jedoch müssen sicherlich in erster Linie auch die realen Verhältnisse am Himmel über Mesopotamien um 2340 v. Chr. die

Einführung der Waage in den altbabylonischen Sternkreis gerechtfertigt haben. Nun darf dieses Sternbild eindeutig als kosmisches Symbol für die Tagundnachtgleiche im Frühling oder im Herbst, wenn sich also Tag und Nacht die Waage halten, gedeutet werden.

Da die altbabylonischen Astronomen besonders den so genannten *Morgenerstaufgang* von Sternen beobachteten, das heißt also, wann ein bestimmter Stern am Morgen kurz vor Sonnenaufgang zum ersten Mal im Jahr über dem Osthorizont zu sehen ist, ist es wahrscheinlich, dass das Sternbild Waage zu einer Zeit eingeführt wurde, als der Morgenerstaufgang seines bedeutendsten Sterns *Librae* zum Frühlings- oder Herbstanfang erfolgte, also exakt den Stand der Sonne im Frühlings- oder im Herbstpunkt, also eine der Tagundnachtgleichen, anzeigte. Im 24. Jahrhundert v. Chr. konnte der Morgenerstaufgang von *Librae* sinnvoll allerdings nur den Herbstanfang markieren, wie Papke plausibel macht. Das heißt, 2340 v. Chr. muss *Librae,* der hellste Stern in der Waage, morgens das erste Mal in diesem Jahr über dem Osthorizont erschienen sein.

Nun kann das Jahr 2340 v. Chr. nicht erst der Anfang der Sternkunde gewesen sein. Wurde die Waage nämlich zu dieser Zeit tatsächlich von den Scheren des Skorpions abgetrennt – und alles deutet darauf hin –, heißt dies, dass das Sternbild Skorpion schon vorher existierte. Wer dessen Schöpfer war und unter welchen astronomischen Verhältnissen beziehungsweise in welchen historischen und geografischen Zusammenhängen die Erfindung bestimmter Sternbilder stattgefunden hatte und einen Sinn machte, wird immer im Bereich des Spekulativen bleiben. Sicher ist aber, dass das Sternbild Waage einst nur im Zuge einer Kalenderreform eingeführt worden sein kann, als die Diskrepanz zwischen einem alten Kalender und den infolge der Präzession inzwischen veränderten Verhältnissen am Himmel quasi unerträglich groß geworden war. Könnten der alte Kalender oder Teile daraus aus der Indus-Kultur gestammt haben? Ein Blick auf den gestirnten Himmel über dem Industal zur Zeit der Zivilisation von Harappa und Moenjo Daro scheint sich zu lohnen.

Die Entwicklung eines exakten Kalenders zur Planung zeitlicher Abläufe bildete ohne Zweifel eine der wichtigsten Grundlagen der Indus-Kultur, die wie beschrieben von einer sehr erfolgreichen, hoch zivilisierten und wohlhabenden Gesellschaft geprägt wurde. Die Menschen, die im fruchtbaren Tal des Indus ansässig geworden waren, lebten nämlich im Wesentlichen von Ackerbau und Viehzucht und waren also auf einen Kalender angewiesen, um ihre Erträge zu sichern. Gewiss hatten sie schon früh begonnen, den Lauf des Jahres und die Jahreszeiten genau zu beobachten, denn davon hingen ihre Ernten und damit ihre Existenz ab.

So beobachteten sie von großen Sternwarten aus auch die Erscheinungen am Himmel und stellten sicher bald fest, dass am Firmament verschiedene Sternkonstellationen in einer festen Reihenfolge zu bestimmten Zeiten immer wieder auftauchten. Also nahmen sie wohl schließlich die Einteilung des Jahres in verschiedene Abschnitte vor, die jeweils von einer definierten Konstellation gekennzeichnet waren. So entstanden Sternbilder. Sie waren Zeitzeichen im Sinne von Kalenderzeichen. Entstand also die Astronomie zur Erfassung des Jahreslaufs, entwickelte sich damit Hand in Hand zeitgleich die Astrologie zur Deutung der himmlischen Zeichen aus einer bildhaften Kalendersymbolik heraus, denn bestimmte Zeiten standen nun unter dem Einfluss bestimmter Sternbilder.

Dass viele Sternbilder im Sinne jener Kalenderzeichen, die als astrologische Sternzeichen zum großen Teil noch heute weltweite Gültigkeit besitzen, zwischen 4500 und 3000 v. Chr. bezogen auf den Horizont über dem Industal erfunden worden sein könnten, veranschaulicht ein Entwurf, der die in jener Zeit und in jener Umwelt wirklichkeitsnahe Bedeutung der Zeichen in einfachen, meist leicht verständlichen Bildern ausdrückt.

Der Skorpion mag dabei also auf die wahre Landplage hinweisen, die diese Tiere in der schwülheißen Vormonsunzeit im Industal darstellten. Das folgende Sternbild des Schützen, das am sumerischen Himmel als Zentaur auftaucht und nach Indien reimportiert worden sein könnte, dürfte sich auf den *Vorgänger* des ihm zugeordneten Gottes Indra beziehen, der zwar erst als vordringender Eroberer mit den arischen Stämmen an den Indus kam, hier aber alsbald sesshaft wurde und zum Herrn der Fluten und des Gewittersturms, der Macht hat über Blitz und Donner, umgedeutet wurde. Das ursprüngliche Sternbild an dieser Stelle wird wohl den fruchtbringenden Monsun eingeleitet haben. Der Steinbock, eine Art *Ziegenfisch* am sumerischen Himmel, zeigt wohl, wie die einen Kreaturen schwimmen, während die anderen nun vor den Fluten in die höher gelegenen Gebiete des Landes fliehen. Auch der Wassermann, sumerisch als *Gu.La* bezeichnet, dürfte im Grunde ein Monsunzeichen sein, schüttet er doch nun täglich seinen Krug über dem Land aus und lässt die Flüsse damit ansteigen. Mit dem Erscheinen der Fische, zu sumerischer Zeit war es ein Wal am Himmel, steht das Land unter Wasser, aber der Monsun ist vorbei. Eine Entsprechung für den Widder gibt es am sumerischen Himmel nicht, doch muss dies nicht heißen, dass es ein Sternbild dieser Art zur Zeit der Indus-Kultur nicht gab, zumal es in Indien noch heute einem der ältesten Götter, dem Priestergott Agni, zugeordnet wird und die Priesterschaft ja schon im prähistorischen Indien eine bedeutende Rolle spielte. Es mag das Zeichen für bestimmte Tieropfer gewesen sein, in einer Zeit, da das Wasser nun langsam zurückging und kleine Tiere wie

etwa Schafe wieder auf die Weiden durften. Mit dem Bild des Stiers, den man vor den Pflug spannt, begann wohl im Industal ebenso wie in Mesopotamien die Zeit der Aussaat für Getreide. Auch das Bild der Zwillinge findet sich in den Sternen über Sumer und erhält laut Papke im Gigamesch-Epos eine spezielle Bedeutung, die allerdings nicht auf die Verhältnisse am Indus übertragbar ist. Seine Existenz und Bedeutung in diesem Zusammenhang müssen offen bleiben. Der Krebs oder vielmehr der Flusskrebs am sumerischen Himmel mag dagegen auch am Indus saisonal gewesen sein. Zweifellos steht das Sternbild des Löwen in beiden Hochkulturen für Schöpfung und Königtum. Erscheint danach die Jungfrau mit ihrem Hauptstern *Spica* am Himmel, Spica bedeutet Ähre, geht es hier wie dort auf die Ernte zu. Das Zeichen Jungfrau wird daher wie zuvor schon der Stier auch der Erde als Element zugeordnet. Vom Sternbild Waage und seiner Erfindung war bereits ausführlich die Rede.
Inwieweit nun dieser Entwurf die Realität trifft, sei dahingestellt. Gewiss werden nicht alle Sternbilder zur gleichen Zeit erfunden worden sein, sie mögen mit politischen Veränderungen auch immer wieder Umdeutungen erfahren haben oder im Zuge von Kalenderreformen verschoben worden sein. Eines erscheint aber höchst wahrscheinlich, nämlich, dass viele Sternbilder als Kalenderzeichen in einer Gegend entwickelt wurden, die von einer ausgeprägten Regenzeit, wie sie seit jeher der Monsun in Indien darstellt, gekennzeichnet war. Wenn es auch vor Zeiten nicht direkt unsere heutigen Sternbilder waren, die den Himmel über dem Indus schmückten, so könnten sehr wohl die Ideen für deren Konzeption in diesen Zusammenhängen geprägt worden sein, denn hier macht nun auch eine bestimmte kalendarische Reihenfolge einen Sinn. Grundsätzlich ließen sich mit Hilfe eines Kalenders recht exakte Vorhersagen erstellen, Wetterprognosen in erster Linie,

von denen die Landwirtschaft unmittelbar profitierte. Vor diesem Hintergrund mögen bald auch Zauberformeln für die Geisterbeschwörung, um etwa einen Sturm zu verhindern oder dessen Auswirkungen zu mildern, entstanden sein. So wurde die Sternkunde allmählich auch Bestandteil und die Sterndeutung Ausdruck der religiösen Weltanschauungen der antiken Kulturvölker, nicht nur am Indus. Bald leitete man daraus zudem Rezepte für Heilmittel und Ratschläge für Haus und Küche ab – alles Dinge, die nun Sinn und Zweck der Astrologie wurden.

Die Ordnung der Sterne im Raum, die sich gewiss schon in den frühen Kalendarien niederschlug, wurde Symbol für den Kreislauf der Natur. Der Sternkreis veranschaulichte dabei den unendlichen Rhythmus des Lebens von der Geburt bis zum Tod, von der Wiedergeburt bis zu einem neuen Tod, der aber nur geschaffen schien, um wieder eine Auferstehung zu feiern. Der Sternkreis bildete demnach eine Entwicklung ab, woraus eine Analogie für die Evolution des Lebens im engeren Sinne für die seelische Entfaltung des Menschen abgeleitet wurde.

Ohne Zweifel hat die Bedeutung der Sternzeichen also eine jahrtausendealte Tradition. In den Auslegungen sind die Erfahrungen vieler Generationen noch heute lebendig. Ihnen zufolge hat der Stand der Gestirne auf das Schicksal und auf den Charakter der Menschen, die in einem bestimmten Zeitabschnitt geboren sind oder werden, Einfluss. In Indien wird dies niemand bezweifeln.

Von den vermeintlichen Anfängen von Astronomie und Astrologie im Kontext der prähistorischen Indus-Kultur fanden Sternkunde und Sterndeutung ab dem dritten Jahrtausend v. Chr. über Mesopotamien im ganzen vorderen Orient eine schnelle Verbreitung. Viele Völker der Antike übernahmen schließlich Teile des zur Astralreligion weiterentwickelten Sternenkults von den Altbabyloniern. Die wichtigsten Götter der Griechen oder Römer waren ja Sternen- und Planetengötter. Sie deuteten die alte babylonische Astralreligion natürlich um. Damit werden zum einen der synkretistische Zug aller antiken Religionen und zum anderen die Parallelen in den Astrologien des Ostens und des Westens verständlich.

Westlich-tropisch oder indisch-siderisch?
Zwei Sternkreise, zwei Philosophien

Die Astrologie ist unbedingt richtig,
sie wird nur reichlich oft verkehrt angewandt.

Aus ihrer jahrtausendealten Geschichte heraus arbeitet die traditionelle Astrologie in Anlehnung an die Astronomie mit definierten Sternbildern. In der indischen Sterndeutung hat sich dieses so genannte *siderische* Prinzip – *siderisch* heißt *auf die Sterne bezogen* – bis heute erhalten. Die indische Astrologie bezieht sich dabei auf die Sternbilder des Zodiaks.
Das Wort *Zodiak* ist abgeleitet von dem Begriff *Zoo* und meint wörtlich einen *Ring von Tieren*. Dies ist ein poetischer Ausdruck dafür, dass eine ganze Reihe von Sternbildern Tiere repräsentieren wie zum Beispiel Stier, Löwe, Fische, Skorpion etc. Zwölf solcher Konstellationen, zu denen allerdings nicht nur solche mit Tiernamen, sondern auch jene wie etwa Waage, Jungfrau oder Wassermann gehören, machen, wie schon einmal gesagt, den Bereich des Kosmos aus, in dem man von der Erde aus betrachtet Sonne, Mond und Planeten sich bewegen sieht. Die Abfolge der Sternbilder in diesem eher kleinen Bereich des unendlichen Alls machen den Tier- oder genau genommen den Sternkreis aus.
Die einzelnen Sterne nun, die jeweils zu einer solchen Konstellation gezählt werden, ändern ihre Positionen zueinander quasi nicht, sodass sie selbst als Fixsterne gelten und der Raum um sie herum als Fixsternhimmel bezeichnet wird. Er bildet also den Hintergrund, vor dem sich die Bahnen von Sonne, Mond und Planeten von der Erde aus sichten lassen. Dies ist die Basis eines jeden Horoskops.
Nun berücksichtigt die siderische Astrologie, wie sie in Indien

betrieben wird, die Präzession des Fixsternhimmels vor den Tagundnachtgleichen. Was das bedeutet, wurde im vorangegangenen Kapitel genau erläutert.

Da die astronomisch definierten Sternbilder von heute jedoch unterschiedlich groß sind und folglich die Verweildauer der Sonne, des Mondes und der Planeten in den verschiedenen Sternbildern entsprechend differiert, haben die nach dem siderischen Prinzip arbeitenden Astrologen den Sternkreis idealisiert, also jedem Sternbild in etwa dieselbe Größe zugeteilt und so eine vergleichbare Verweildauer von Sonne, Mond und Planeten in allen Sternbildern, beziehungsweise nunmehr besser Sternzeichen, erreicht. Besonders die großen Sternbilder Stier, Löwe, Jungfrau und Fische wurden dabei zu Gunsten der kleineren an den Rändern beschnitten.

In einem Vergleich, wie ihn die Tabelle aus Seite 35 bietet, zeigt sich aber, dass sich die siderische Astrologie noch immer eng an die astronomischen Daten anlehnt. Wie man leicht sieht, stimmen nach wie vor die großen Phasen des Sonnenlaufs durch den Sternkreis in der siderischen Astrologie mit den faktischen astronomischen Daten und daher auch mit den überlieferten Traditionen überein.

Dagegen weicht die *tropische* Astrologie – *tropisch* heißt *auf den Äquator der Erde bezogen* – davon erheblich ab. Sie hat sich schon seit langem von den inneren Bezügen zu Sternbildern entfernt und teilt nun den Sternkreis schlicht in zwölf gleich große Abschnitte zu je 30 Grad ein, beginnend am Frühlingspunkt, also mit der Tagundnachtgleiche im Frühjahr.

Der berühmte Mathematiker, Astronom und Geograf Claudius Ptolemäus entwickelte wohl, wahrscheinlich um das Jahr 140 n. Chr., im antiken Alexandria das tropische System, das von den westlichen Astrologen für ihre Berechnungen von Horoskopen heute hauptsächlich herangezogen wird. Als er an einem bestimmten Tag – so ist es überliefert – die Sonne am ersten Grad Widder auftauchen sah, markierte er diesen Grad als Beginn des Zodiaks. Also schrieben die nunmehr nach dem tropischen Prinzip arbeitenden Astrologen schließlich den 21. März als Widderanfang fest.

Der tropische Sternkreis beginnt seither bei 0 Grad Widder jedes Jahr am 21. März. Dann zieht die Sonne durch den ersten Abschnitt ihrer Jahresbahn. Dieser hat nichts mit dem Sternbild Widder zu tun, sondern umfasst einfach die ersten 30 Grad des Sternkreises, weil die tropische Astrologie die Präzession der Fixsternbilder nicht berücksichtigt. Denn die Sonne taucht an jedem 21. März immer etwas versetzt an jenem Punkt vor dem Fixsternhimmel auf, an dem sie im Vorjahr zu dieser Zeit erschienen war. Also befindet sich jedes Jahr im ersten Abschnitt Widder der tropischen Einteilung eine andere Sternkonstellation. Anders gesagt, in der tropischen Astrologie ist es gleichgültig, welche Sterne oder welches Sternbild sich gerade in dem fraglichen Abschnitt befinden, jemals befinden werden oder erstmals befunden haben. Zum Beispiel steht die Sonne am 21. März heute rund 23 Grad entfernt von dem mutmaßlichen ptolemäischen Widderanfang, also beinahe ein ganzes Zeichen weiter – und die Abweichungen werden von Jahr zu Jahr größer. Dass also die Sterne beziehungsweise die Sternbilder, wie sie die tropische Astrologie ja noch immer als Metaphern verwendet, irgendeine Wirkung auf die individuelle Existenz haben, können nach dem tropischen Prinzip arbeitende Astrologen kaum behaupten. Sie betrachten schlicht die Stellung der Sonne zu einer bestimmten Jahreszeit, nicht die Stellung der Sonne vor einem bestimmten Sternbild am Himmel. Die Jahreszeit ist es also, die nach der tropisch-astrologischen Auffassung bei der Geburt einen Menschen beeinflusst. Wie weit die Abweichungen von den astronomischen Sternbildern und auch von den siderisch-astrologischen Sternzeichen gehen, zeigt der Vergleich in der folgenden Tabelle.

Das alte indische System, den Sternkreis zu vermessen, lässt Sonne, Mond und Planeten außen vor und orientiert sich einzig und allein am Fixsternhimmel selbst. So entdeckte man hier einst, dass der Fixstern Spica exakt auf der Grenze zwischen den Sternbildern Jungfrau und Waage liegt. Setzt man hier nun 0 Grad Waage an, liegt der *Beginn* des Sternkreises bei 0 Grad Widder genau gegenüber. Damit lassen sich alle Segmente des Sternkreises für alle Zeiten definieren und die Zeichen fügen sich in diesem siderischen Zirkel folgerichtig aneinander. Vor diesem Hintergrund lassen sich die Bahnen von Sonne, Mond und Planeten nachzeichnen.

Dabei bleibt aber auch der siderische Zodiak auf jeden Fall ein symbolischer Messkreis. Kein indischer Astrologe würde die astronomischen Sternbilder heute mit seinen astrologischen Zeichen gleichen Namens für absolut identisch halten, zumal der siderische Sternkreis ja idealisiert wurde. Dennoch lehnt er sich dabei noch immer eng an die Astronomie und an die faktischen Sternbilder an.

Da man das Jahr, in dem die ptolemäische Messung ihren Anfang nahm, nur schätzen kann, gibt es heute mehrere Kalkulationen, die die Differenz zwischen dem tropischen und dem siderischen Zodiak bestimmen. Deren Ergebnisse liegen so eng beieinander, dass es keine Rolle spielt, welche Tabellen man nutzt. Ihre Berechnungen beziehen sich aber prinzipiell auf die Präzession der Fixsterne. Diese bewegen sich jährlich um etwas mehr als 50 Sekunden vorwärts in Relation zu den Äquinoktien. Das macht in 72 Jahren zwar nur rund einen Grad aus, mit den Jahrhunderten aber viel mehr. Das heißt, dass ein Mensch heute, der der tropischen Astrologie zufolge *Skorpion* ist, damit gute Chancen hat, in der siderischen Astrologie eine *Waage* zu sein!

Eine der am weitesten verbreiteten Kalkulationen ist die von K. S. Krishnamurti. Er geht zum Beispiel für das Jahr 1950 von einer Abweichung von 23° 04′ – dreiundzwanzig Grad und vier Minuten – zwischen dem tropischen und dem siderischen Zodiak aus, für das Jahr 1960 von einer Differenz von 23° 12′, für das Jahr 1970 von 23° 20′ etc. Am 21. März 140 n. Chr. – als Ptolemäus vermutlich den tropischen Kreis festlegte – stand die Sonne nach den Berechnungen von K. S. Krishnamurti bei 2° 19′ im Widder. Die Verschiebung von einem Grad in 72 Jahren bedeutet, dass die Sonne im Jahr 298 n. Chr. tatsächlich bei 0 Grad Widder gestanden hat. Damals stimmten sozusagen Sternbilder und Sternzeichen überein, beziehungsweise deckte sich der tropische Sternkreis mit dem siderischen Kreis. Den folgenden Ausführungen liegen Krishnamurtis Kalkulationen zu Grunde.

Der Jahreslauf der Sonne 2001 durch den Sternkreis

Tropische Astrologie Ohne Bezug zum Sternbild	Astromonie Astronomisches Sternbild	Siderische Astrologie Astronomisches Sternbild, idealisierter Kreis
♈ 21.03. – 20.04. 31 Tage	♈ 18.04. – 13.05. 26 Tage	♈ 13.04. – 13.05. 31 Tage
♉ 21. 04. – 20.05. 30 Tage	♉ 14.05. – 20.06. 38 Tage	♉ 14.05. – 14.06. 32 Tage
♊ 21.05. – 21.06. 32 Tage	♊ 21.06. – 19.07. 29 Tage	♊ 15.06. – 15.07. 31 Tage
♋ 22.06. – 22.07. 31 Tage	♋ 20.07. – 09.08. 21 Tage	♋ 16.07. – 15.08. 31 Tage
♌ 23.07. – 23.08. 32 Tage	♌ 10.08. – 15.09. 37 Tage	♌ 16.08. – 15.09. 31 Tage

Tropische Astrologie Ohne Bezug zum Sternbild	Astromonie Astronomisches Sternbild	Siderische Astrologie Astronomisches Stern- bild, idealisierter Kreis
♍ 24.08. – 23.09. 31 Tage	♍ 16.09. – 30.10. 45 Tage	♍ 16.09. – 16.10. 31 Tage
♎ 24.09. – 23.10. 30 Tage	♎ 31.10. – 22.11. 23 Tage	♎ 17.10. – 15.11. 30 Tage
♏ 24.10. – 22.11. 30 Tage	♏ 23.11. – 17.12.* 25 Tage	♏ 16.11. – 14.12. 29 Tage
♐ 23.11. – 21.12. 29 Tage	♐ 18.12. – 18.01. 32 Tage	♐ 15.12. – 19.01. 30 Tage
♑ 22.12. – 20.01. 31 Tage	♑ 19.01. – 15.02. 28 Tage	♑ 20.01. – 11.02. 30 Tage
♒ 21.01. – 19.02. 30 Tage	♒ 16.02. – 11.03. 24 Tage	♒ 12.02. – 13.03. 30 Tage
♓ 20.02. – 20.03. 29 Tage	♓ 12.03. – 17.04. 37 Tage	♓ 14.03. – 12.04. 30 Tage

* Sehr, sehr langsam – in Zeitabschnitten von 10 000 Jahren und mehr – verändert sich auch der Fixsternhimmel. Vom 29.11. bis 17.12. schiebt sich heute in der Astronomie per definitionem das Sternbild *Schlangenträger* in den *Skorpion*. Dies hat noch in keinem astrologischen System einen Niederschlag gefunden.

Da sich die Äquinoktien vor dem Fixsternhimmel in den Jahren 1910 bis 2010 lediglich um einen Grad und 26 Minuten verschoben haben bzw. verschieben werden, wie eben nachrechenbar gezeigt oder, anders ausgedrückt, der Lauf der Sonne durch den Sternkreis also auch durch die siderischen Sternzeichen kaum Veränderungen erlebt hat – diese liegen im nicht maßgeblichen Stundenbereich –, können nach dem siderischen Maß der Astrologie, wie sie in Indien gilt, für alle Geburtsjahrgänge zwischen 1910 und 2010 in der nächststehenden Tabelle zu allen Geburtsdaten die in der siderischen und insbesondere in der indischen Astrologie gültigen Sternzeichen unmittelbar angegeben werden, ohne eine komplizierte Berechnung anstellen zu müssen. Den genannten Daten liegen intensive Recherchen bei Experten unter anderem in verschiedenen Sternwarten Indiens und Europas zu Grunde.

Die indischen Sternzeichen und ihre Zeiten. Geburtsperioden

Für alle Geburten zwischen 1910 und 2010 enthält die folgende Tabelle die Geburtsperioden der zwölf Sternzeichen nach dem siderischen System der indischen Astrologie. Dabei wurden die aktuellen Daten für jedes indische Sonnenzeichen nach K. S. Krishnamurti, wie oben erklärt, errechnet.

Ersehen Sie hier nun auf den ersten Blick Ihr indisches Sternzeichen bezogen auf das Sternbild, in dem zum Zeitpunkt Ihrer Geburt die Sonne stand, und schlagen Sie im folgenden Kapitel seine Bedeutung nach. Viel Vergnügen!

Geburtsdatum	Indisches Sternzeichen	Indischer Gott/Göttin
♈ 13.04. – 13.05.	Mesa – Widder	Agni
♉ 14.05. – 14.06.	Vrishaba – Stier	Nandi
♊ 15.06. – 15.07.	Mithuna – Zwilling	Vishnu
♋ 16.07. – 15.08.	Karkataka – Krebs	Parvati
♌ 16.08. – 15.09.	Simha – Löwe	Brahma
♍ 16.09. – 16.10.	Kanya – Jungfrau	Ganesha
♎ 17.10. – 15.11.	Tula – Waage	Lakshmi
♏ 16.11. – 14.12.	Vrischika – Skorpion	Yama
♐ 15.12. – 19.01.	Dhanus – Schütze	Indra
♑ 20.01. – 11.02.	Makara – Steinbock	Shiva
♒ 12.02. – 13.03.	Kumbha – Wassermann	Garuda
♓ 14.03. – 12.04.	Mina – Fische	Ganga und Yamuna

Das indische Horoskop. Persönlichkeitstypen im Zeichen von Göttern und Göttinnen

*Ein Durchgang durch den Sternkreis ist
ein Durchgang durch das Leben.*

Seit alters her werden die zwölf indischen Sternzeichen als Bilder der verschiedenen Persönlichkeitstypen Göttern und Göttinnen zugeordnet (siehe voranstehende Tabelle, Seite 39). Um diese ranken sich berühmte Legenden, dargelegt in der klassischen indischen Literatur, in den folgenden Kapiteln beispielhaft als mythologische Anekdoten zu einem jeden Gott beziehungsweise zu einer jeden Göttin wiedergegeben. Die Gottheiten selbst stellen dabei so genannte *Archetypen* dar. Demnach sind die zwölf Sternzeichen des siderischen Zodiaks die Strukturbilder von zwölf Idealtypen.
Die indische Astrologie ist damit im Wesentlichen eine Typen- und somit zugleich eine spezielle Art von Symbollehre, die auf das Gebiet der Tiefenpsychologie zielt. Sie beschreibt nämlich universelle Seinsweisen und wirkende Urprinzipien, und zwar, indem sie Analogien bildet. Hierbei spielen also weniger ursächliche Zusammenhänge eine Rolle als vielmehr das Phänomen der Synchronizität, der Gleichzeitigkeit. Daher sind die so genannten *Nadis,* die alten astrologischen Lehrsätze der Inder, die den folgenden Texten zur Deutung der indischen Sternzeichen als Originalquellen zu Grunde liegen, meist auch als *Wenn-dann*-Sätze formuliert, ohne dass man dahinter einen logischen Kausalzusammenhang ausmachen kann. Ein Beispiel aus einer berufenen Quelle: *Wenn Mond und Jupiter im siebten Haus stehen, während Mars sich im zwölften Haus befindet und von der Sonne aspektiert wird, dann gelangt der Geborene zu hoher Bildung und zu Wohlstand.*

Nun ist der Sternkreis als Kreis eben das Symbol eines Ganzen, also des gesamten Universums und seiner menschlichen Wahrheit. Die zwölf Sternzeichen sind demnach als Teile dieses Ganzen zu betrachten, wobei nur alle zusammen das Universum und unsere Wahrheit abbilden. Jeder Mensch trägt nämlich die gesamte Sternkreisordnung in sich, wenngleich auch mit sehr unterschiedlichen Schwerpunkten. So mag er die Welt zwar in erster Linie durch den Blickwinkel seines Geburtszeichens, zum Beispiel des Löwen, sehen, doch immer dann, wenn es um den Ausgleich von Gegensätzen und das geregelte Miteinander geht, ist es der Waage-Anteil in ihm, der dabei angesprochen wird. Vor diesem Hintergrund lohnt es sich durchaus, einmal alle folgenden Kapitel zu lesen.

Natürlich geht es der indischen Astrologie meist darum, ein individuelles Horoskop zu erstellen, in dem die einzelnen Facetten eines jeden ersichtlich werden. Betrachtet wird dabei in allererster Linie die Nativität, also das Horoskop zum Zeitpunkt der Geburt. Die Gestirnskonstellation, die sich zu Beginn des selbstständigen Lebens, das heißt mit dem ersten Schrei nach der Durchtrennung der Nabelschnur, am Himmel befindet, bildet dabei die astronomisch-mathematische Basis zur Berechnung der Nativität. Doch ist dieses Buch nicht als Anleitung zur Erstellung von Horoskopen gedacht, sondern als verständliche Einführung in die indische Astrologie. Daher stellen die nun folgenden Kapitel die verschiedenen Persönlichkeitstypen dar und betrachten die zwölf indischen Sternzeichen bezogen auf das Sternbild, in dem zum Zeitpunkt der Geburt die Sonne stand. Die indischen Sonnenzeichen und ihre Geburtsperioden sind aus der voranstehenden Tabelle leicht ersichtlich.

Die Energien der Sonne sind es nämlich, die zuvorderst die indischen Sternzeichen charakterisieren und vor allem das

Verhalten eines Menschen prägen wie auch seine individuelle Lebensführung und Lebensauffassung. Dem Verhalten kommt große Bedeutung zu. Es zeigt, wie ein Mensch seine inneren Anlagen zum äußeren Ereignis werden lässt und wie er seine Talente mobilisiert und sie in der Welt zum Einsatz bringt. Gelingt es einem, das, was er an Anlagen und Talenten besitzt, vollständig lebendig werden zu lassen und zur Wirkung zu bringen, lebt er das, was er wirklich ist.

So hellt die Deutung der indischen Sonnenzeichen auch das eigene Wesensbild auf, lässt Rückschlüsse auf persönliche Fähigkeiten, Begabungen und Entfaltungsmöglichkeiten zu und trifft Aussagen über das Temperament und über die emotionale Struktur eines Menschen. Sie wirft darüber hinaus ein Licht auf die körperliche Konstitution. Weiterhin gibt sie auch Aufschluss über die geistigen Beweggründe des Handelns eines Menschen und damit über die verschiedenen Geburtsthemen der einzelnen Persönlichkeitstypen sowie über deren karmischen Lebensplan und dessen reale Durchsetzung und bietet zudem Denkanstöße, der Bestimmung seines Lebens auf spirituellem Wege näher zu kommen.

Schicksal oder Karma ist nach indischer Auffassung aber weder Prädestination noch Zufall, sondern sehr viel mehr das Ergebnis des Zusammenspiels von charakterlichen Anlagen und Verhaltensweisen bei einem Individuum. Also wird kein indischer Astrologe je behaupten, dass das Schicksal des Menschen vorherbestimmt sei. Jedes Zeichen hat seine guten und schlechten Seiten, jede Charaktereigenschaft kann sich positiv oder negativ auswirken. Es kommt darauf an, was der Einzelne daraus macht. Dieselben Voraussetzungen nämlich, die den einen zu Ruhm und Ehre bringen können, können den anderen zu Grunde richten. Niemand aber ist besser oder schlechter – nur anders!

In erster Linie stellen die indischen Sonnenzeichen das gesellschaftliche Ego eines Menschen dar, das heißt, wie er in den Augen der anderen, also nach außen wirkt.

In Indien würde zum Beispiel niemand sagen: *Ich bin eine Waage, folglich habe ich diesen und jenen Fehler, diesen und jenen Vorzug.* Man würde vielmehr sagen: *Ich lebe wie eine Waage.* Oder: *Ich verhalte mich wie eine Waage.* Und man würde sich dementsprechend fragen: *Wie kann ich mich in den unterschiedlichsten Lebenslagen im Sinne meiner Göttin Lakshmi richtig verhalten?*

Letztgültigen Aufschluss über das, was man wirklich ist, gibt der Aszendent, bestimmt durch die Geburtsstunde und den Geburtsort. Seine Kräfte bestimmen wesentlich die Anlagen, die Stärken und Schwächen eines Menschen. Liegt der Aszendent eines Waage-Geborenen, also eines Menschen, bei dem zum Zeitpunkt seiner Geburt die Sonne im siderischen Sternbild Waage stand, zum Beispiel im Skorpion, so besitzt dieser die Anlagen eines Skorpions, die er nach Art der Waage auslebt.

Das Mondzeichen, also das Sternbild, durch das zur Zeit der Geburt der Mond zog, entscheidet vor allem darüber, mit wem man gut auskommt und von wem man sich besser fern halten sollte. Nach klassischer indischer Lehre sind die Sonne, der Aszendent und der Mond die wichtigsten Faktoren, die den individuellen Lebensweg beeinflussen.

Die folgenden Kapitel beschäftigen sich mit dem Einfluss der Sonne. Sie bieten Ihnen erstmals die Möglichkeit, Ihre Persönlichkeit im Spiegel der alten indischen Astrologie zu entdecken, sich mit den Hauptzügen Ihres Charakters und Ihres Verhaltens und mit den großen Linien Ihres Schicksals vertraut zu machen. Vor allem die psychologischen Tendenzen und die hervorstechendsten Eigenschaften Ihres indischen Sternzeichens werden dabei berücksichtigt und Ihr Verhalten in der Familie und unter Freunden betrachtet. Ihre Chancen in der Liebe und in der Partnerschaft sowie Ihre Aussichten auf beruflichen Erfolg und Ihre Suche nach dem großen Glück stehen außerdem im Mittelpunkt dieser Analyse.

1. Der mutige Agni –
Das göttliche Prinzip im Widder

Angriff ist die beste Verteidigung.

Der Widder im alten Indien

Indischer Name:	Mesa
Indischer Gott:	Agni
Bedeutung:	Anfang
Planet:	Mars (ind.: Anagaraka)
Energie:	positiv, aktiv, männlich
Element:	Feuer
Typus:	Führer (kardinales Zeichen)
Kennzeichen:	Geist, Inspiration
Tageszeit:	6:00 – 8:00 Uhr, Sonnenaufgang
Handlungsprinzip:	Ich bin.
Physis:	Kopf
Stimme:	energisch
Reittier:	Widder
Farben:	Weiß, Rot
Pflanze:	Rose
Glücksstein:	Rubin
Metall:	Eisen
Glückszahlen:	7 und 9
Glückstag:	Dienstag
Ideale Partner:	Brahma (Löwe), Indra (Schütze)
Haupttugend:	Unschuld
Hauptfehler:	Misstrauen

Charakter

Agni ist der Gott allen Anfangs, der den geschichtslosen Beginn jeder neuen Wirklichkeit regiert. Sein Element ist das Feuer. Es produziert die Energie, die nötig ist, um einen Raum einzunehmen und ihn zu halten – Individuum zu sein und sich in der Welt zu behaupten. Diese Durchsetzungskraft repräsentiert auch Agnis Reittier, der Widder. So gehen die Menschen seines Zeichens stets ihren eigenen Weg. Dazu verlieh ihnen der Gott die Kraft, die Inspiration, die Unabhängigkeit und einen starken Willen.

Außerdem ist Agni auf dem kriegerischen Planeten Mars zu Hause und verkörpert dessen positive, also aktive, männliche Seite. Daher betrifft jede Art von Angriff, sei es ein militärischer oder gar ein erotischer, Agnis Herrschaftsbereich. Die Menschen seines Zeichens sind entsprechend dynamisch, verfügen über erhebliche Initiative, lieben den Wettbewerb und können recht aggressiv sein. Ihr Metall ist das Eisen, aus dem die Waffen geschmiedet werden.

Dieses Zeichen ist kardinal und formt daher Typen, die im Leben eine führende Rolle spielen wollen. In der indischen Mythologie befehligt Agni das Heer der Götter und stellt damit den Kopf dar. Seine überwältigende Kraft ist also vor allem eine geistige, weniger eine körperliche. Daher setzen Agni-Geborene meist die Sprache zur Durchsetzung ein und neigen viel mehr zum Argumentieren, wenn auch oft mit energischer Stimme, als zur Gewalt. Ihr großes Vorstellungsvermögen und ihre logische Denkart nutzen sie häufig im Bereich der Wissenschaften. Aber überall, wo es gilt, neue Ideen zu entwickeln, trifft man sie an. Sie sind nämlich nicht nur sehr erfindungsreich, sondern sie sind auch gute Rechercheure, stets kenntnisreich und gewissenhaft in dem, was sie tun. Daher sind sie in beruflicher Hinsicht meist sehr erfolgreich.

Agni hatte als Gott des Feuers bereits in der altindischen Religion große Bedeutung. Er schützte die heiligen Opferfeuer, die in den Kultstätten unter freiem Himmel brannten. So wurde er selbst zum Symbol des Opfers und zugleich zum Inbegriff der Macht des Glaubens. Die Menschen seines Zeichens stattete er nun mit einem unerschütterlichen Glauben an sich selbst aus und dazu mit leidenschaftlichen, starken Gefühlen. Sie können daher vollständig in einer Sache aufgehen und sich aufopferungsvoll ihrer annehmen. Allerdings müssen sie dann Acht geben, dass sie alles andere um sich herum nicht vergessen, vernachlässigen und allmählich vereinsamen.

Agni wählte nie eine Partnerin, aber er scharte eine gewaltige Anhängerschaft um sich. Die unter seinem Zeichen Geborenen haben es nicht einfach, einen passenden Partner fürs Leben zu finden. Sie haben im Allgemeinen auch nicht viele Freunde. Obwohl sie sich meist unter Kontrolle haben, können sie nämlich plötzlich höchst impulsiv sein, eigenwillig und selbstgefällig, zuweilen sogar egoistisch, und außerdem kritisch und manchmal sogar gefühllos gegenüber anderen. Durch ihren Idealismus aber finden die Agni-Geborenen dennoch oft viele Anhänger, die ihnen ein Leben lang folgen und sie bewundern. Mit Pioniergeist und Abenteuerlust initiieren sie dann neue Entwicklungsphasen in allen möglichen Bereichen.

Geistig weniger hoch entwickelte Typen dieses Zeichens werden eher von ihren Instinkten vorwärts getrieben, zwingen ihre Ideen gern anderen auf und werden wütend, wenn das nicht klappt.

Agni erkennt man an der Sonne auf seiner Stirn. Aus ihrer Kraft wurde er im Kosmos geboren. Der Schlüssel zur spirituellen Entwicklung unter seinem Zeichen ist der scharfe Verstand, der die Wahrheit erfasst.

Geburtsthema

Seit ihren Kindertagen streben Agni-Geborene nach der freien Entfaltung ihrer Individualität und nach persönlicher Unabhängigkeit in jeder Hinsicht. Auf ihrem Weg wollen sie stets voranschreiten und immer neue Erfahrungen machen. Dabei scheuen sie sich nicht, auch schwierige Aufgaben zu übernehmen. Doch insbesondere in den zwischenmenschlichen Beziehungen zeigen sich die Schwierigkeiten, die sich ihnen in den Weg stellen, um ihre karmischen Aufgaben auch erfolgreich zu meistern.
So wird ihr Leben oft von etlichen, auch tief greifenden Wechseln geprägt. Umzüge und berufliche Neuorientierungen, verschiedene Freundschaften und meist mehrere Partnerschaften kennzeichnen ihren Weg. Agni-Geborene werden sich in Geduld üben müssen, bis sie es schaffen, ihre Träume zu verwirklichen.
Erst wenn es ihnen gelingt, andere Menschen in ihr Denken und Fühlen und in ihre Vorhaben einzubeziehen, können sie ihre überwältigende Energie in die richtigen Bahnen lenken, ihre Ziele erreichen und innere Ruhe und Zufriedenheit finden.

Gesundheit im Zeichen Agnis

Agni-Geborene haben im Allgemeinen eine sehr gute körperliche Konstitution und besitzen viel Vitalität. Da Agni den Kopf regiert, ist dies allerdings die Region des Körpers, die bei den Menschen dieses Zeichens für Unfälle und Krankheiten am anfälligsten ist. Viele klagen daher öfter über Kopfschmerzen. Nicht selten tritt auch Fieber auf. Vor Nasennebenhölen- oder Stirnhölenentzündungen ist zu warnen, ebenso vor Augenleiden. Verbrennungen oder Brüche im Gesichtsbereich wie etwa ein Nasenbeinbruch treten unter diesem Zeichen unverhältnismäßig häufig auf. Ein Schädelbasisbruch oder ein Gehirnschlag sind oft die Todesursache.

Berufe im Zeichen Agnis

Agnis Einfluss prädestiniert zu Pionierleistungen, nicht selten in Verbindung mit Abenteuern, da sich die Menschen dieses Zeichens selten von Regeln oder Gewohnheiten geistig abhängig machen. Epochale Entdeckungen sind hier ebenso zu finden wie bahnbrechene Erfindungen und insoweit viele Tüftler, Forscher und Wissenschaftler. Auch Unternehmer, die eigene neue Wege gehen, oder Politiker, die grundlegende Reformen durchsetzen wollen, sind häufig Agni-Geborene. In vielen Bereichen sind sie auch als Selbstständige oder Freischaffende tätig, so zum Beispiel in künstlerischen Berufen. In größeren Organisationen streben sie bald nach einer Führungsposition. Dies gilt besonders auch für Agnis Spezialgebiet, das Militär.

Das Liebesgeheimnis Agnis

Die Seele des Agni steht im Bezug zum Sonnenaufgang. Sie ist wie neugeboren beziehungsweise auferstanden nach der langen Nacht, die im vorigen Zeichen der Fische *Ganga und Yamuna* endete.
Die Agni-Geborenen entdecken mit größter Freude ihr eigenes physisches Wesen. Sie hegen keine Selbstzweifel und fürchten nichts und niemanden. Sie besitzen viel Mut und dazu eine

innere Gewissheit, dass alle ihre Wünsche schon irgendwie in Erfüllung gehen werden.

Dementsprechend handeln Agni-Geborene oft mit einer gewissen Naivität nach dem Prinzip: *Ich bin* beziehungsweise *ich existiere*. Sie sind blind gegenüber möglichen Unfällen und Pannen auf ihrem Lebensweg und müssen erst schmerzliche Erfahrungen machen, um jene Umsicht und Härte zu erwerben, die ihnen das Überleben sichert. Sind sie dann desillusioniert, bleibt ihnen dennoch eine entwaffnende Unschuld und eine unübertreffliche Fähigkeit zu staunen erhalten.

Mangelt es Agni-Typen an Zuwendung und Mitgefühl, fühlen sie sich vernachlässigt; werden sie verlassen oder wird ihr Vertrauen enttäuscht, sind sie schockiert und reagieren aggressiv und emotional. Sie entwickeln dann einen großen Egoismus und handeln, ohne Rücksicht zu nehmen und ohne sich über die Konsequenzen ihres Verhaltens Gedanken zu machen. Schon das leiseste Gefühl von Verlassenheit kann bei den Menschen dieses Zeichens zu einer ungerechtfertigten Panik führen, die nur durch wiederholte Beweise inniger Zuneigung zurückgedrängt werden kann.

Die Seele des indischen Widder-Gottes braucht ständige Anerkennung und verlangt nach Liebe als Lebensnotwendigkeit. So erwarten Agni-Geborene, geliebt zu werden, und nehmen die Zuneigung anderer mit selbstverständlicher Freude hin, doch müssen sie lernen, wie man die empfangene Liebe erwidert. So nehmen sie zwar die Gelegenheiten zu Liebe und Romantik gern wahr, tun sich aber schwer, einen Lebenspartner zu finden.

Haben sie sich zur Heirat entschlossen, werden sie ihre Familie nach außen gewiss stets verteidigen, doch erweisen sie sich ihren Lieben gegenüber immer wieder als sehr dominant und beharren auf ihrem Führungsanspruch. Scheidung ist

daher nicht ausgeschlossen – sie wird von den Agni-Geborenen aber nicht tragisch genommen.
Die Grunderfahrung der Agni-Geborenen in der Liebe ist, dass Liebe Unschuld bedeutet und Vertrauen braucht.

Erlösung

Agni-Geborene sind sehr häufig Menschen, die in einem strengen Glauben und in einer festen Tradition verhaftet sind. Mögen sie sich von diesen Bindungen im Laufe ihres Lebens lösen, auf der Suche nach ihrem eigenen Weg auch immer weiter, so bleibt ihnen doch eine idealistische, philantropische Grundeinstellung erhalten. Da es ihre karmische Hauptaufgabe ist, andere Menschen in ihr Denken, Fühlen und Handeln einzubeziehen, können sie den Quellen zufolge durch soziale Arbeit wesentlich vorankommen.
Weiterhin beschäftigen sie sich sicher mit Religion, mit Philosophie und mit Psychologie. Darüber hinaus fühlen sie sich zweifellos zur Mystik und zur Esoterik hingezogen, besonders zur Astrologie, aber auch zum Tantra und sogar zur Zauberei. Dahinter mag ihr lebendiges Interesse stehen, eine Erklärung für den Tod zu finden. So werden sie im Laufe des Lebens viel spirituelles Wissen erwerben.
Überwinden sie mit zunehmendem Alter ihre Sinneslust und suchen in der Askese und in der Meditation schließlich einen geistigen Weg zur Erkenntnis und zur Erleuchtung, kann es Agni-Geborenen gelingen, in einer universellen Bruderschaft eine Heimat zu finden, ihren unerschütterlichen Glauben an sich selbst zu transzendieren und damit übernatürliche (geistige) Kraft und letztgültige Macht über sich selbst zu erlangen. Ihre Vorstellungskraft wird sie dann zur Erleuchtung treiben und sie ihre Wahrheit finden lassen.

Der Mythos Agnis: Rama mit Pashupatha

In seiner ersten Inkarnation als heldenhafter Rama ging es Vishnu, dem Erhalter der Welt, vor allem um die Errichtung einer dauerhaften Ordnung auf Erden. Shiva, der große Zerstörer und Erneuerer, lieh ihm dazu seine Wunderwaffe, die Streitaxt Pashupatha. Solchermaßen ausgestattet schlüpfte Vishnu also in die Rolle des indischen Ritters Rama.

Nun hatte der mächtige König Kartavirya Ramas Vater eine heilige Kuh namens Surabhi gestohlen, denn diese stand in dem Ruf, alle Wünsche erfüllen zu können. Der König wurde immer anmaßender, und um Schlimmes zu verhindern, erschlug Rama Kartavirya mit der legendären Axt. Doch die Königssöhne rächten den Tod ihres Vaters am Vater Ramas. So musste Rama noch einmal zurückschlagen. Mit Hilfe Pashupathas vernichtete er daraufhin fast den gesamten Adelsstand auf der Erde, und zwar indem er die großen Stammbäume der machthungrigen Geschlechter fällte. Zuletzt aber ließ er doch Gnade walten, denn ritterliche Gesinnung und Tugend sollten ja nicht für immer verschwinden. So kam der Adel mit der Zeit wieder zu Kräften. Viele seiner Angehörigen aber waren nun Nachkommen von Brahmanen, also geistlichen Führern, und Edelfrauen.

Rama verkörperte das Ideal des indischen Ritters. Er war von stattlicher Figur, trug die Haare als Flechtenkrone und die Kleidung der Brahmanen mit der heiligen Schnur als Gürtel, und nur mit einer Hand führte er die mächtige Axt.

Die Sage über diese erste Inkarnation Vishnus als Rama spielt auf die Frühgeschichte Indiens an, als die Brahmanen mit den Ksatriyas, dem weltlichen Adel, um die Vorherrschaft auf dem Subkontinent kämpften.

2. Der sinnliche Nandi – Das göttliche Prinzip im Stier

Ein Weg von tausend Meilen beginnt mit einem Schritt.

Der Stier im alten Indien

Indischer Name:	Vrisabha
Indischer Gott:	Nandi
Bedeutung:	Titan
Planet:	Venus (ind.: Sukra)
Energie:	negativ, passiv, weiblich
Element:	Erde
Typus:	Organisator (festes Zeichen)
Kennzeichen:	Physis, Sachlichkeit
Tageszeit:	8:00 – 10:00 Uhr
Handlungsprinzip:	Ich habe.
Physis:	Nacken
Stimme:	melodisch, sicher
Reittier:	Stier
Farben:	Blau, Braun
Pflanze:	Lilie
Glücksstein:	Saphir
Metall:	Titan
Glückszahl:	6
Glückstag:	Freitag
Ideale Partner:	Yama (Skorpion), Shiva (Steinbock)
Haupttugend:	Geduld
Hauptfehler:	Unversöhnlichkeit

Charakter

Nandi, der beliebte Gott in der Gestalt eines titanischen Stieres, fehlt in kaum einem indischen Tempel, denn er verheißt irdisches Glück und Reichtum. Sein Element ist also die Erde, mit der er innig verbunden ist, denn auf ihr kommt seine ganze gewaltige Zeugungskraft zum Tragen. Nandis Zeichen ist fest und formt damit Menschen, die charakterstark, psychisch stabil und ausdauernd sind. Der kräftige Stiernacken sorgt dazu für enorme Durchsetzungsfähigkeit. Diese Eigenschaften bilden die Basis für den geschäftlichen und gesellschaftlichen Erfolg, der sich bei den allermeisten Stier-Menschen langsam, aber sicher im Leben einstellt, nicht selten durch ihrer Hände Arbeit.

Nun lieben die Menschen dieses Zeichens die praktische Betätigung, sind sachliche und realistische Naturen und denken dabei strategisch, sodass sie sich in fast allen Lebenslagen als hervorragende Organisatoren erweisen.

Da Nandi auf dem Liebesplaneten Venus beheimatet ist, streben die Menschen seines Zeichens auch nach harmonischen Beziehungen zu ihrer Umwelt. Sie reden sehr gern, haben meist eine melodische, sichere Stimme und finden so auch schnell zu Fremden Kontakt. Insbesondere in jungen Jahren sind sie oft ungewöhnlich attraktiv, doch auch im fortgeschrittenen Alter fühlen sie sich im Allgemeinen in ihrem Körper sehr wohl. Auch diese Faktoren spielen für ihren Erfolg im Leben eine bedeutede Rolle.

Durch den Einfluss der Venus besitzen Nandi-Geborene außerdem eine Antenne für alles Schöne und entwickeln dann einen ausgeprägten Sinn für Farben, Proportionen und Formen. So schlagen einige tatsächlich eine künstlerische Laufbahn ein. Doch meist nutzen die Menschen dieses Zeichens ihre Talente weniger, um Neues zu schaffen, als vielmehr, um das Schöne auf allen Gebieten zu bewahren. Venus hat ihnen nämlich ihre negative, also passive, weibliche Seite zugewandt.

Grundsätzlich aber fühlen sie sich an allen Stellen, bei denen es darum geht, Geld zu verdienen, zu verwalten und zu vermehren, richtig am Platze. Sie sind auch begabte Bankiers. Nandi-Geborene haben nämlich eine sehr starke materialistische Ader und bringen es damit im Leben oft zu großem Reichtum. Ihr Geld setzen sie ein, um ein komfortables Leben zu führen. Da sie meistens einen erlesenen Geschmack haben, umgeben sie sich gern mit einem gewissen Luxus. Es sind echte Genießer. Auch Nandi lässt sich von Pilgern mit Blumen schmücken, mit Früchten und Reis als Opfergaben versorgen und mit duftenden Ölsalbungen verwöhnen.

Die Menschen seines Zeichens lieben es, bewundert zu werden. Zuweilen aber bewundern sie sich selbst am meisten und sehen nur selten Anlass zu irgendwelcher Selbstkritik. Sie neigen außerdem deutlich zur Sturheit und lassen sich von einer Position, die sie einmal besetzt haben, kaum fortbewegen. Dies gilt sowohl für eine konkrete berufliche Stellung als auch für einen gesellschaftlichen Rang und für eine private Rolle, nicht zuletzt auch für ihre Überzeugungen und Ideen.

Nandi geht bekannte Wege. Sein Zeichen pägt daher Gewohnheitsmenschen. Sie schätzen Rituale und bleiben in der Tradition verhaftet. Sie grenzen den Raum, den sie einmal für sich in Besitz genommen haben, ab und hüten den Bestand. So verteidigen sie alles, was ihnen lieb und teuer ist, mit ganzer Kraft und bis zum letzten Atemzug. Man kann sich glücklich schätzen, zu ihren Freunden zu zählen, und sollte es nicht darauf anlegen, sie sich zum Feind zu machen.

Weniger entwickelte Typen dieses Zeichens werden von ihren Trieben geleitet, schlagen andere gern in den Bann ihrer sinnlichen Ausstrahlung und werden sentimental, sofern etwas nicht wunschgemäß abläuft.

Nandi wird in Indien hoch verehrt. Seine Aufgabe ist das Bewahren des Schönen und damit das Verbessern der Welt. Er findet den Weg zur Erlösung, indem seine hingebungsvolle Liebe für ihn zuletzt zur Wahrheit wird.

Geburtsthema

Von Kindheit an ist es das Ziel der Nandi-Geborenen, dem Leben vor allem seine schönen Seiten abzugewinnen und es zudem in gesellschaftlicher und in wirtschaftlicher Hinsicht zu etwas zu bringen. Ihrem Schicksal ergeben, geduldig und konstant arbeiten sie an diesen Zielen. Ihr starker Wille wird sie die Hürden auf ihrem Weg, die sie vor allem in jungen Jahren nehmen müssen, überwinden und auch gegen Opposition und widrige Umstände erfolgreich ankämpfen lassen, sodass sie ihre Pläne in die Tat umsetzen können. Allerdings werden sie in vielen Fällen relativ lange auf Wanderschaft bleiben, weil sich in ihnen ein Widerspruch zwischen Tradition und Progression manifestiert. Aber ihr Erfolg kann sodann überwältigend sein.

Allerdings ist es vor allem ihre karmische Aufgabe zu lernen, ihrem Leben einen eigenen Sinn zu geben, um am Ende nicht nur auf ein gutes Leben zurückblicken zu können, sondern um vor allem Glück und tiefe innere Zufriedenheit zu finden. Ihr Lebensthema ist es dabei, ihren Pessimismus zu überwinden.

Gesundheit im Zeichen Nandis

Nandi-Geborene erfreuen sich meist bis ins hohe Alter einer starken Konstitution und einer guten Gesundheit. Da der Stier den Hals regiert, sind allerdings alle Einwirkungen darauf gefährlich. Versehentliches Verschlucken und Würgen können sogar tödlich enden. Und auch ein Genickbruch ist unter diesem Zeichen keine Seltenheit. Auch für Mandelentzündungen oder eine Infektion wie Diphterie sind Nandi-Naturen anfällig.

Daneben führen hier Zivilisationskrankheiten, vor allem solche, die durch irgendeine Art von Genusssucht entstanden sind, wie zum Beispiel Fettleibigkeit, oft zu Unwohlsein und nicht selten in letzter Konsequenz zu einem schleppenden Ende.

Berufe im Zeichen Nandis

Der Einfluss der schöngeistigen Venus bringt unter dem Zeichen Nandis sehr viele künstlerisch ambitionierte Menschen hervor. So finden sich hier zum Beispiel eine Menge Galeristen, Kunstsammler und Antiquitätenhändler, zuweilen Archäologen, auch Restauratoren, oder sogar Maler und Bildhauer. Auch zum Floristen, zum Gärtner oder zum Dekorateur eignen sich viele Nandi-Naturen.

Doch wollen sie mit ihrem Tun auch möglichst viel Geld verdienen. So werden aus manchen exzellenten Köchen unter diesem Zeichen bald erfolgreiche Restaurantbesitzer oder auch Hoteliers. Ihr finanzielles Geschick nutzen andere Stiere gleich als Bankiers, die dann mit ihrem Geld oft die Kunst fördern.

Das Liebesgeheimnis Nandis

Dem titanischen Stier der indischen Mythologie gehören die frühen Morgenstunden, wenn die Sinne voll erwacht sind. Den Nandi-Geborenen bereitet es daher große Freude, ihre

Sinne zu benutzen, zu sehen, zu hören, zu riechen, zu schmecken und zu tasten. Die Dinge, an denen sie Gefallen finden, behandeln sie liebevoll und nennen sie gern ihr Eigen. Weil ihnen Besitz eine innere Befriedigung verschafft, ergreifen sie ihn rasch und handeln nach dem Prinzip: *Ich habe.*

So häufen die Menschen dieses Zeichens im Laufe des Lebens oft eine Menge Reichtümer an, weigern sich standhaft, etwas von ihrem Besitz abzugeben und grämen sich über jeden materiellen und über jeden ideellen Verlust. Dies gilt für ihr Portemonnaie ebenso wie für ihre Lebensgefährten.

Dabei sind die sinnlichen Nandi-Geborenen stark vom körperlichen Kontakt mit den geliebten Personen abhängig, denn sie verstehen Zuneigung nur, wenn sie sie fühlen können. Ihnen ist allerdings absolut bewusst, dass sie sich zum Beispiel durch ein fröhliches Lächeln, durch gutes Benehmen oder durch kleine Gefälligkeiten sehr einfach dieses physische Glück verschaffen können. Ihre große Selbstsicherheit lässt dabei den Gedanken an ein Scheitern keinesfalls aufkommen.

Geht dennoch eine Beziehung in die Brüche, reagieren die Nandi-Typen beiderlei Geschlechts höchst eigensinnig. Sie sind dann für kein vernünftiges Argument mehr aufgeschlossen und handeln in blinder Voreingenommenheit, weil sie nur ihre subjektive Sicht der Dinge gelten lassen. Allerdings kommen die Menschen dieses Zeichens nur sehr selten in solche Situationen. Sie lassen sich nur schwer aus der Fassung bringen und werden bei Differenzen auch nicht sofort böse. Aber wenn sie einmal in Wut geraten, werden sie brutal und grausam. Sie wollen dann weder schnell vergessen noch schnell vergeben. Dazu haben sie ein sehr gutes Gedächtnis.

Grundsätzlich aber prädestiniert sie ihr warmherziges Gemüt, ihre innere Ruhe und ihre Geduld für ein glückliches und zufriedenes Familienleben, in dem Partner und Kinder einen hohen Stellenwert einnehmen. Ihnen gegenüber erweisen sich

Nandi-Geborene als gefühlvolle und zuverlässige Menschen, die ihre Pflichten niemals vergessen und sich auch sehr großzügig zeigen können. Sie können auch sehr romantisch sein, aber, wie gesagt, ebenso besitzergreifend. Das zeigt sich auch im Freundeskreis.
Die Menschen dieses Zeichens nehmen und geben Liebe mit Vergnügen, sonnen sich gern in diesem Gefühl und belohnen die geliebten Menschen mit einer unkomplizierten Wertschätzung.
Die Grunderfahrung der Nandi-Geborenen in der Liebe ist, dass Liebe Geduld bedeutet und der Versöhnung bedarf.

Erlösung

Ihrer Natur nach sind Nandi-Geborene weltliche Wesen, die im Diesseits leben. Dennoch sind sie dabei im Grunde auch gläubige Menschen, die sogar bereit sind, sich reinen Herzens in ihr Schicksal zu fügen. Sie haben eine sehr philantropische und idealistische Grundeinstellung und engagieren sich auf Grund dessen oft auch im sozialen Bereich, wofür sie zuweilen sehr bewundert werden.
Sicher respektieren sie die traditionellen Konfessionen, obschon sie selbst diesen nicht unbedingt folgen und mancher Nandi-Geborene dementsprechend einen Konfessionswechsel vollzieht.
Andererseits haben Nandi-Typen quasi als Kontrapunkt zu ihrer im Grunde so rationalen Natur ein Faible für alles Mystische. Sie interessieren sich ernsthaft für esoterische Fragen, besonders für die Astrologie und für okkulte Kräfte. Sie studieren gern Bücher aus dem Bereich der Philosophie. Sie hinterfragen schon in jungen Jahren mit klarem Verstand das Leben und die Bedingungen des Seins, sodass sie schon sehr früh

eine emotionale und spirituelle Reife erlangen mögen, die sie zu einem gerechten Denken und einer natürlichen Weisheit führt. Auch besitzen sie nicht nur große physische Kraft, sondern auch eine enorme psychische Energie.
Auf ihrer karmischen Suche nach mentalem Frieden werden die Nandi-Geborenen mit zunehmendem Alter immer deutlicher den Weg zu intensiver Meditation und zur Askese einschlagen. Ihre karmische Aufgabe ist das Verbessern der Welt. Sie werden ihre Erlösung am ehesten finden, indem ihre hingebungsvolle Liebe für sie zuletzt zur Wahrheit wird. Sie müssen aber lernen zu vergeben.

Der Mythos Nandis: Die Schildkröte Kurma

Lange schon suchten die Götter nach einem wirksamen Mittel, das ihre Macht für alle Zeiten sichern würde. Da schlug Vishnu, der Erhalter der Welt, eines Tages vor, das kosmische Milchmeer – gemeint ist wohl die Milchstraße – zu verquirlen, um den Unsterblichkeitstrank Amrita zu erhalten.
Also legten sie um den sagenhaften Berg Mandara, der als Quirl dienen sollte, die sagenhafte Schlange Vasuki als Seil. Um nun aber den Quirl in Gang zu setzen, waren die Götter auf die Hilfe von Dämonen angewiesen. Mit süßen Versprechungen gelang es ihnen, die Asuras, allesamt Geister der Unterwelt, für das ungeheure Unternehmen zu gewinnen. Im Wechsel zogen nun also die Asuras am Kopf und die Götter am Schwanz der Schlange, und es dauerte nicht lange, da drohte der Quirl, also der ganze Berg Mandara, im kosmischen Milchmeer zu versinken.
Geistesgegenwärtig nahm Vishnu sofort die Gestalt der gigantischen Schildkröte Kurma an, tauchte in das Meer hinab und hielt den Quirl fest. So konnten Götter und Dämonen im

harmonischen Miteinander vierzehn wunderbare Kostbarkeiten zu Tage fördern.

Vishnu erhielt als Erster für seinen selbstlosen Einsatz ein Juwel, das er fortan auf der Brust trug, dazu das Zepter und jene Schneckenmuschel, die zu Attributen seiner Macht wurden, und dann sogar seine Gattin Lakshmi, die Göttin der Liebe, die nun dem kosmischen Milchmeer entstieg. Zuletzt kamen ihm noch Pfeil und Bogen zu, die ihm in seinem Leben als Rama II später noch gute Dienste leisten sollten.

Indra, der gewaltige Gott des Gewitters, kam zu einem zweiten Reittier, als er den edlen weißen Elefanten Airavata aus dem Milchmeer zog und dazu den Baum des Paradieses. Shiva, der göttliche Zerstörer und Erneuerer, steckte sich sofort die Mondsichel ins Haar, als diese aus dem Milchmeer auftauchte. Der alte Gott Varuna schnappte sich nun Varuni, die Göttin des Weins, auf die er schon lange gewartet hatte. Die sieben Rishis, die großen indischen Weisen, freuten sich über Go, die heilige Kuh der Fülle, die alle Wünsche wahr werden lassen konnte, und Bali, der Anführer der Dämonen, erhielt einen himmlischen weißen Hengst.

Endlich tauchte Dhanvantari, der alte Medizinmann der Götter, mit einem Krug voller Amrita auf, und schon sah sich Vishnu erneut gezwungen, in das Geschehen einzugreifen, und zwar als Mohini, die den Skorpion-Mythos illustriert.

3. Der einfallsreiche Vishnu – Das göttliche Prinzip im Zwilling

Routine reduziert den Reiz.

Der Zwilling im alten Indien

Indischer Name:	Mithuna
Indischer Gott:	Vishnu
Bedeutung:	Ordnung
Planet:	Merkur (ind.: Budha)
Energie:	positiv, aktiv, männlich
Element:	Luft
Typus:	Vermittler (bewegliches Zeichen)
Kennzeichen:	Intellekt, Ratio
Tageszeit:	10:00 – 12:00 Uhr
Handlungsprinzip:	Ich denke.
Physis:	Schultern, Arme, Hände und Lungen
Stimme:	heiter
Reittiere:	Adler und Schlange
Farben:	Gelb, Grün
Pflanze:	Ginster
Glücksstein:	Topas
Metall:	Messing
Glückszahl:	5
Glückstag:	Mittwoch
Ideale Partner:	Lakshmi (Waage), Garuda (Wassermann)
Haupttugend:	Bewusstsein
Hauptfehler:	Gefühllosigkeit

Charakter

Vishnu ist einer der bedeutendsten und vielschichtigsten Götter Indiens. Vor allem die so genannten Avatare, das sind die verschiedenen Gestalten, in denen sich der Gott zeigt, geben ihm in der indischen Mythologie seine vielen Facetten. Vishnu trat nämlich im Laufe der vergangenen Zeitalter bislang elfmal in Erscheinung, um die Welt vor bösen Mächten und drohendem Unheil zu schützen, sie vor dem Untergang zu retten und ihre Ordnung zu erhalten. Die Sagen über seine einzelnen Auftritte vervollständigen seither das Bild der Sternzeichen Indiens, wobei Vishnus Inkarnation als Kalkin, als strahlender Reiter in der Ära des Wassermanns, noch aussteht.

Von allen Menschentypen sind die Vishnu-Geborenen mit Abstand die flexibelsten. Sie sind sehr dynamisch, agieren schnell und können sich (fast) jeder Situation anpassen. Vishnus Element ist eben die Luft, und diese ist beweglich. Das ist auch der Verstand der Menschen seines Zeichens, zumal Vishnu auf Merkur, dem Planeten des Denkens, beheimatet ist. Sein Einfluss prägt geistesgegenwärtige, einfallsreiche, rationale Typen mit großer Intelligenz und Auffassungsgabe. Sie sind außerdem sehr wissbegierig und dazu oft noch außerordentlich sprachbegabt, redegewandt und schlagfertig. Man findet sie in allen Bereichen, beziehungsweise immer mit Aufgaben betraut, die etwas mit dem Austausch und der Vermittlung von Informationen und Meinungen zu tun haben und bei denen es vor allem auf gute Kommunikation ankommt. Ein Gespräch mit Vishnu-Geborenen ist fast immer interessant und unterhaltsam.

Da Merkur ihnen seine positive, also aktive, männliche Seite zugewandt hat, besitzen die Menschen dieses Zeichens viel Energie, Enthusiasmus und zudem eine gewisse Aggressivität.

Nach dem Vorbild Vishnus verteidigen sie in allen Lebenslagen das Recht auf der Welt und kämpfen als Idealisten stets um die Wahrheit. Sie fühlen für die Schöpfung große Verantwortung auf ihren Schultern ruhen. Diese wird natürlich von Vishnu regiert. Er sorgt ja für das Gleichgewicht, also für die Ordnung in der Welt, die auch den Menschen seines Zeichens am Herzen liegt.

Die göttliche Überlegenheit Vishnus mit seiner Milde, Güte und Freundlichkeit können die Menschen seines Zeichens natürlich nicht in dieser Vollkommenheit leben. Sie laufen bei all ihren Aktivitäten Gefahr, nervös und rastlos zu werden und sich zu verausgaben. Manchmal hängen sie spekulativen Ideen nach und müssen aufpassen, dass sie sich nicht in unrealistische Fantasien verrennen. Wie sie ihre innere Balance halten können, zeigt ihnen Vishnu selbst durch seine beiden Reittiere. Der Adler steht für die Tat, während die zusammengerollte Schlange Shesha dem Gott einen Thron und zugleich ein Ruhebett bietet, auf dem er inmitten des Weltalls zwischen den Zeitaltern meist schlafend hin und her treibt. Shesha ist unendlich und verkörpert daher die ewige Wiederkehr.

Gewiss streben die Menschen dieses Zeichens ständig nach Bewegung und Veränderung und lieben alles Aufregende, Stimulierende und Neue, doch sollten sie manchmal innehalten, bevor sie zur nächsten Tat schreiten, und diese findet bestimmt statt. Gönnen sie sich keine Ruhe, führt dies zu einer inneren Zerrissenheit und zu Konflikten mit der Umwelt, denn Vishnu-Geborene verhalten sich dann so unentschieden, dass sie sich in den Ruf der Unzuverlässigkeit bringen und zuletzt als Trickser gelten, deren Aktionen niemals fruchten. Die Menschen dieses Zeichens sollten also unbedingt auf die Geschwindigkeit ihres Lebens achten, damit ihnen nicht vorzeitig die Energie ausgeht.

Vishnu ist seit seinem Auftritt als Schildkröte Kurma mit Lakshmi, der Göttin der Liebe, glücklich verheiratet. Hin und wieder stellen sich auch Prithivi, die Erdgöttin, und Garuda, der kosmische Wundervogel, als hilfreiche, treue Gefährten an seine Seite. Die Menschen dieses Zeichens suchen – manche ein Leben lang – die ideale Liebe und auch die ideale Freundschaft und gehen oft eine Reihe von Partnerschaften ein, bis sie eines Tages feststellen, dass die Wirklichkeit nicht ideal ist.

Solchermaßen desillusioniert kommen Vishnu-Typen in ihren späteren Jahren oft auch innerlich zur Ruhe und lernen, mit ihren Kräften zu haushalten. Sodann haben sie im Leben alle Chancen und erreichen viel. Auch Vishnu hat erst in der späten Entwicklung des Hinduismus Karriere gemacht, es dann aber zu einem der höchsten Götter gebracht. Auf mancher Darstellung sieht man einen Lotos aus Vishnus Bauchnabel herauswachsen, auf dem der Schöpfergott Brahma sitzt, immer bereit, die Welt neu zu schaffen.

Wenn sie eines Tages beginnen, anstatt Wissen Weisheit zu suchen, können Vishnu-Geborene auf dem spirituellen Weg zuletzt zu ihrer Wahrheit finden.

Geburtsthema

Seit Kindertagen bestimmen Vielseitigkeit und Wechsel in allen Bereichen das Leben der Vishnu-Geborenen. Nie wird es langweilig, denn einige Reisen, auch Umzüge und berufliche Neuorientierungen, verschiedene Hobbys und immer wieder neue Freundschaften und Partnerschaften prägen ihren Weg. Die Ereignisse, die sich meist in kurzen Episoden aneinander reihen, scheinen dabei einfach viel schneller abzulaufen als im Leben aller anderen Menschen. Der Hauptgrund dafür besteht in einem inneren Widerspruch zwischen ihrem Grundvertrauen in soziale Traditionen und ihrem emanzipatorischem Denken. Sie werden also einige Schwierigkeiten in ihrem Leben meistern und etliche Hindernisse überwinden müssen, doch wenn es ihnen gelingt – darin besteht ihre karmische Aufgabe – Stabilität und Konstanz in ihr Dasein zu bringen, vor allem Geduld für ihr Leben zu entwickeln und ihre inneren Widersprüche aufzulösen, dürfen Vishnu-Naturen mit einem glücklichen Ausgang rechnen.

Bei allem, was sie anpacken, müssen sie darauf achten, ihre Ziele – sie haben durchaus feste Vorstellungen vom Leben – niemals aus den Augen zu verlieren, damit sie auch zu Ende bringen können, was sie einmal angefangen haben. Nur wenige Menschen besitzen bessere Voraussetzungen als Vishnu-Typen, um ihre Aufgaben erfolgreich zu lösen und darüber hinaus sogar Neuerungen durchzusetzen. Sie sind absolut in der Lage, ihre Bestimmung zu erfüllen.

Gesundheit im Zeichen Vishnus

Da Vishnu die Schultern, Arme und Hände sowie die Lungen regiert, können diese Körperpartien bei den Menschen seines Zeichens durchaus in Mitleidenschaft gezogen werden. Unfälle enden mit Brüchen zum Beispiel des Schlüsselbeins, des Ellenbogens oder des Handgelenks. Ernste Krankheiten wie etwa Asthma oder Tuberkulose, die die Lunge affektieren, können sogar tödlich enden. Außerdem besitzen Vishnu-Geborene ein sehr sensibles Nervenkostüm. Wenn sie sich im Leben zu sehr verausgaben, können sie daher übersensibel reagieren und sind dann beispielsweise für Allergien empfänglich. Manche plagen sich aber auch infolge von Überanstrengung mit handfesten Neurosen herum.

Berufe im Zeichen Vishnus

Ihren großen Intellekt und ihre überdurchschnittliche kommunikative Begabung nutzen die Menschen unter Vishnus Einfluss sehr häufig als Texter im weitesten Sinne. Sie arbeiten dann zum Beispiel als Journalisten, in der Werbung oder in der Öffentlichkeitsarbeit. Viele haben sogar das Zeug, als Literaten große Anerkennung zu finden. In anderen Wirtschaftsbereichen profilieren sie sich auch als Programmierer oder Statistiker. Oft findet man sie aber auch im Entertainment bei Show, Film und Fernsehen. Grundsätzlich bevorzugen Vishnu-Geborene Berufe, die des Öfteren einen Themen- und Kulissenwechsel bedeuten. Außerdem reisen sie für ihr Leben gern. Oft übernehmen sie daher im Laufe ihres Lebens eine ganze Reihe verschiedener Tätigkeiten, füllen mehrere Jobs aus oder wechseln gelegentlich den Beruf.

Das Liebesgeheimnis Vishnus

Vishnus Zeit sind die Stunden am späten Vormittag, der einen symbolischen Bezug zur Entfaltung geistiger Kräfte hat. Die Menschen seines Zeichens sind sich ihrer intellektuellen Fähigkeiten also bewusst und wissen auch, dass sie nicht allein im Universum sind. Sie haben vor allem das innere Bedürfnis, sich mitzuteilen, ziehen mit ihren Worten oft die allgemeine Aufmerksamkeit auf sich und handeln nach dem Prinzip: *Ich denke.* Ihre geistige Beweglichkeit und große Wachsamkeit, ihr rasches Auffassungsvermögen und ihre Logik und Urteilskraft machen sie zu vielseitigen Persönlichkeiten.
Dabei vereint der indische Gott der Zwillinge in sich zwei Seelen. Auf der einen Seite brauchen die Menschen seines Zeichens daher Vertrauen und Zuneigung, auf der anderen Seite

aber sehnen sie sich nach neuen Erkenntnissen, beginnen so manches Experiment und träumen davon, die Welt zu erkunden. Sie sind von Natur aus neugierig auf alle Dinge, die sich jeweils außerhalb ihrer unmittelbaren Reichweite befinden.

Die Vishnu-Geborenen suchen von Kindesbeinen an mit hoffnungsvollem Herzen ihr Vergnügen auch außerhalb ihres Hauses und ihrer Familie. Die Wärme, Sicherheit und Liebe hier empfinden sie zwar als angenehm, doch geraten sie häufig in Versuchung, alles aufzugeben, wenn ihre persönliche Freiheit eingeschränkt wird. Fühlen sie sich durch eine Liebe beengt, ergreifen sie meist schnell die Flucht. Über die Konsequenzen machen sie sich dann erst mal keine Gedanken.

Wenn sie den Heimweg tatsächlich einmal nicht mehr finden, werden sie nervös. Sie laufen dann Gefahr, sich selbst über ihre seelische Situation zu täuschen und reden oberflächliches Zeug. Man sollte sich dann nicht auf ihre Worte verlassen.

Gewiss geben die Menschen dieses Zeichens in jungen Jahren auch ihrem Wunsch nach Abwechslung oft nach und gehen eine Reihe von Partnerschaften ein. Sie lieben den Sex und eignen sich meist erst in reiferen Jahren, wenn sie innerlich zur Ruhe gekommen sind, als Ehefrauen oder Ehemänner.

Die Vishnu-Geborenen brauchen meist viel mehr Liebe, als sie denken, und im Grunde hören sie auch nie auf, nach ihr zu verlangen.

Die Grunderfahrung der Vishnu-Geborenen in der Liebe ist, dass Liebe zwar Bewusstsein bedeutet, aber vor allem auch Gefühl erfordert.

Erlösung

Vishnu-Geborene sind meist Menschen, die im Grunde eine angeborene Weisheit besitzen. Doch zugleich sind sie ewig Suchende, die sich oft lange auf Wanderschaft befinden. Häufig zeichnen sich nämlich unter ihrer Konstellation auch areligiöse Tendenzen ab, wobei manche Vishnu-Typen bereits in recht jungen Jahren Konsequenzen aus dieser Einstellung ziehen und einen Konfessionswechsel hinter sich bringen. Dann verfolgen sie meist verschiedene, eher philosophisch-religiöse Richtungen, wobei ihnen wohl ein asketischer Zug besonders liegt. Zu den Kulturen, Religionen und Philosophien des Ostens fühlen sie sich daher sehr stark hingezogen, sodass sie sich sicher intensiv damit beschäftigen. Oft unternehmen sie auch Reisen nach Asien oder halten sich dort sogar länger auf.

Zweifellos interessieren sie sich für das Spirituelle, für das Magische und für das Okkulte. Auch die Astrologie und die Numerologie liegen ihnen.

Ihr Ziel ist es, persönlich zu wachsen, doch ihr Weg scheint sehr lange an der Materie zu hängen. Sie sollten ihren verborgenen Energien und Motiven nachspüren und ihnen Ausdruck verleihen. Dann können sie langsam ihren Weg zur Wahrheit finden. Sie sollten die Einsamkeit suchen und sich einem loyalen Lehrer anvertrauen. Wenn sie schließlich ihr Wissen nutzen, um mit geduldiger Vermittlung auch andere Menschen an ihrer Weisheit teilhaben zu lassen, werden sie ihre Wahrheit finden. Aber es wird ein langer Weg.

Der Mythos Vishnus: Der Zwerg Vamana

Bali, ein Furcht erregender König des Südens, war durch strenge Askese zu gewaltiger Macht gelangt und hatte viele Dämonen, die Asuras nämlich, um sich geschart, als er sich anschickte, die Weltherrschaft zu übernehmen.

Um die drohende Gefahr nun abzuwenden, kam Vishnu durch die göttliche Mutter Aditi als zwergwüchsiger Brahmane namens Vamana auf die Welt. Er ging an den Hof Balis und erbat sich von diesem König so viel Land, wie er mit drei Schritten abmessen könne. Als Bali die Bitte höhnisch grinsend gewährte, verwandelte sich Vishnu plötzlich in seine kosmische Gestalt und durchmaß mit zwei Schritten erst den Himmel und dann die Erde.

So überlistete Vishnu in der Erscheinung des Vamana den dämonischen König Bali und rettete damit die Welt. Doch er verzichtete letztlich auch großzügig auf den dritten Schritt und überließ damit dem Dämon die Unterwelt.

Seither werden dem König Bali, dem großen Herrn der Unterwelt, jedes Jahr zehn Tage »Urlaub« auf der Erde gewährt. Dieses sind die Feiertage des so genannten Onam-Festes, das alljährlich besonders in Südindien zur sommerlichen Ernte im Monsun gefeiert wird.

4. Die charismatische Parvati – Das göttliche Prinzip im Krebs

Selbst das kleinste Haar wirft einen Schatten.

Der Krebs im alten Indien

Indischer Name:	Karkataka
Indische Göttin:	Parvati
Bedeutung:	Mutter
Planet:	Mond (ind.: Chandra)
Energien:	negativ/positiv, passiv/aktiv, weiblich
Element:	Wasser
Typus:	Führer (kardinales Zeichen)
Kennzeichen:	Emotion, Empfindsamkeit
Tageszeit:	12:00 – 14:00 Uhr, Mittag
Handlungsprinzip:	Ich fühle.
Physis:	Brust, Magen
Stimme:	hell, gefühlvoll
Reittier:	Tiger
Farben:	Silber, Weiß
Pflanze:	Seerose
Glücksstein:	Mondstein
Metall:	Silber
Glückszahlen:	2 und 7
Glückstag:	Montag
Ideale Partner:	Yama (Skorpion), Ganga und Yamuna (Fische)
Haupttugend:	Wahrnehmungsvermögen
Hauptfehler:	Abhängigkeit

Charakter

Die Verherrlichung der Parvati steht in der Tradition der Kulte um die großen Muttergottheiten, die im prähistorischen Indien verehrt wurden, und verweist noch heute auf den uralten Glauben an den weiblichen Ursprung des Alls. So bewohnt die mächtige Parvati den Mond als Inbegriff der Weiblichkeit ganz allein. Ihr Zeichen hat damit sowohl eine positive, aktive als auch eine negative, passive Seite, so wie der Mond eben zu- oder abnimmt, voll oder neu wird.

In ihrer friedlichen, also eher passiven Erscheinung wird Parvati als die Göttin mit den liebevollen Augen angebetet. Sie bewacht dann das Heim und beschützt die Kinder. Ihr Zeichen formt attraktive Menschen, die sich meist durch ein freundliches und sympathisches Wesen auszeichnen. Im Allgemeinen lieben sie ihr Zuhause und kümmern sich intensiv um ihre Freunde und um ihre Familie, die sie glücklich sehen wollen. Dahinter steht ein fast unendliches Bedürfnis nach mentaler und emotionaler Stabilität. Und wenn die Personen in ihrem Umfeld den Parvati-Geborenen das Gefühl der Sicherheit geben können, gewinnen diese stark an Selbstvertrauen, Initiative und Energie. So werden sie stets nach ihrem Gefühl handeln. Allerdings kommt dabei auch ihr humanitäres Denken zum Tragen. Sie setzen sich also gern für die geliebten Personen ein. Sie können aber auch über sich selbst hinauswachsen und dann sogar der Allgemeinheit große Dienste erweisen.

Das Zeichen der Krebs-Göttin ist nämlich kardinal, sodass die Menschen unter ihrem Einfluss einen Führungsanspruch in der Gesellschaft erheben. Sie besitzen dazu durchaus die notwendige Dominanz, die diese tendenziell verschlossenen und nachdenklichen Strategen allerdings meist auf indirektem Wege ausüben. Parvatis Element ist das Wasser. Es gibt den Menschen ihres Zeichens eine enorme Vorstellungskraft, viel Intuition und große Empfindsamkeit. Sie erspüren die Gedanken, Gefühle und das Wollen anderer und erfassen im Unterbewusstsein sogar die Stimmungen der Massen. Wie kein anderer Menschentyp sind die Parvati-Geborenen in der Lage, die Masse zu repräsentieren, durch die sie beachtlichen Einfluss und Anerkennung erlangen können. Einige entwickeln so viel Charisma, dass aus ihnen zum Beispiel gefeierte Popstars werden. Andere nutzen ihre Gaben in der Politik oder im sozialen Bereich, manche im erzieherischen oder medizinischen Sektor, einige auch in den Kirchen. Parvati-Geborene lieben nämlich ihr Volk, ihr Land und ihre Religion sehr. Sie sind auch bereit, all das zu verteidigen.

In ihrer heroischen, also aktiven Gestalt tritt Parvati als Durga auf, deren göttliche Überlegenheit in etlichen indischen Legenden zum Ausdruck gebracht wird. Wird Durga stehend auf einem Büffelkopf abgebildet, weist dies auf ihre spektakulärste Heldentat hin. Mahisha, dem Dämonenkönig in Gestalt eines Büffels, brach die schöne Furie einst glatt das Genick. Parvatis beziehungsweise Durgas Reittier ist ein Tiger als Ausdruck der mystischen Kraft und der faszinierenden Geschmeidigkeit dieser Göttin. Den Menschen ihres Zeichens haftet fast immer etwas Magisches, Geheimnisvolles, ja ein gewisser Zauber an.

Als große Urmutter gibt die Göttin Leben, das sie mit der Milch aus ihrer Brust ernährt. Aber sie weiß auch um die Vergänglichkeit jeglicher Existenz und erscheint zuweilen als Kali in grausiger Gestalt. Hässlich, ausgemergelt, mit schlaffen Brüsten, irrem Blick und heraushängender Zunge, geschmückt mit Schlangen und einer Kette aus Totenköpfen hält Kali in ihren Händen scharfe Waffen und schlägt die Sanduhrtrommel als Zeichen des Endes.

Die größte Gefahr für Parvati-Geborene besteht darin, von emotionellen, oft unbewussten Abhängigkeiten nicht loszukommen. Sie lassen dann Weitblick, Willensstärke und Courage vermissen, reagieren schüchtern und übervorsichtig und sehen sich als Opfer ihrer Umwelt.

Wenn sie sich aber auf sich selbst besinnen, sich mit der Umwelt auseinander setzen und sich ihr mitteilen, finden sie den Antrieb, aus sich heraus zu handeln. Und wenn sie ihren Geist öffnen und das Leben ruhig betrachten, sind sie zu wahrer Größe fähig und in der Lage, ihre Wahrheit intuitiv zu erschauen.

Geburtsthema

Seit ihren Kindertagen versuchen Parvati-Geborene zwei große Strömungen in ihrem Leben zu vereinen. Auf der einen Seite lieben sie alles Neue und damit auch den Wechsel im Leben und sicher auch das Reisen. Auf der anderen Seite lieben sie auch ihr Zuhause, wünschen sich Kinder und ein intaktes Familienleben und streben daher nach sozialem Ansehen und ökonomischer Sicherheit.

Hin- und hergerissen zwischen diesen beiden großen Strömungen, prägen vor allem in jungen Jahren große Höhen und Tiefen sowohl in ihrem beruflichen Werdegang als auch bei Freundschaften und Partnerschaften ihren Lebensweg, auf dem sie somit eine Reihe von Hindernissen überwinden und auch einige Rückschläge verkraften müssen. Doch insbesondere die zweite Lebenshälfte der Parvati-Naturen ist meist von größerer Stabilität und Zufriedenheit geprägt. Im Großen und Ganzen dürfen sie zuversichtlich sein und mit einem glücklichen Leben rechnen. Dabei bleiben sie aber stets auf Wanderschaft. Sie lieben ihre Heimat, aber wollen auch anderes kennen lernen.

Gesundheit im Zeichen Parvatis

Da Parvati die Brust beziehungsweise die Brüste und den Magen beherrscht, sind alle Einwirkungen darauf gefährlich. So sind Rippenbrüche unter diesem Zeichen keine Seltenheit. Die Ursachen von ernst zu nehmenden Krankheiten sind hier allerdings meist im psychischen Bereich zu suchen. Brustkrebs bei Frauen oder alle möglichen Magen-Darm-Krankheiten können seelisch bedingt sein. So sollten die Menschen unter Parvatis Einfluss ständig bestrebt sein, sich von inneren Blockaden frei zu machen, sonst läuten manche Erkrankungen einen langsamen Sterbeprozess ein. Auch vor jeder Art von Panik, vor allem in Verbindung mit Wasser, sei gewarnt. Tod durch Ertrinken findet im Zeichen Parvatis leider immer wieder statt.

Berufe im Zeichen Parvatis

Ihre guten Voraussetzungen, eine gewisse Popularität zu erreichen, befähigen Parvati-Geborene vor allem zu Tätigkeiten, bei denen ein geschickter Umgang mit einer großen Anzahl von Menschen erforderlich ist. Natürlich finden sich folglich viele in der Politik wieder oder bei den Gewerkschaften und ähnlichen Institutionen. Die Menschen dieses Zeichens geben auch gute Erzieher oder Seelsorger ab. Manche sind in der Medizin zum Beispiel als Ärzte oder Apotheker erfolgreich. Außerdem bringt dieses Zeichen exzellente Köche hervor.
Die Affinität zum Wasser führt auch viele zur Seefahrt. Sei es nun als Kapitän eines Flugzeugträgers, als Maat auf einem Tanker, als Eigner eines Segelschiffs oder eines Fischerkutters, auf den Weltmeeren fühlen sie sich wohl. Vor allem in jungen

Jahren packt nämlich viele Parvati-Geborene immer wieder die Reiselust.
Von ihren guten Chancen, zu internationalen Stars etwa im Show-Biz zu avancieren, war ja schon die Rede.

Das Liebesgeheimnis der Parvati

Der wandelbaren Parvati gehört der Mittag, die Stunden zwischen dem frischen Vormittag und dem warmen Nachmittag. Ihre sensible, aufnahmefähige Seele verbindet die Erfahrungen der ersten Tageshälfte mit den Erwartungen an die zweite. Die Menschen dieses Zeichens bewegen sich daher im übertragenen Sinne zwischen Traum und Realität, das heißt, sie kennen und schätzen den Wert des Traums, hängen in gewisser Weise sogar Utopien an und wissen dabei instinktiv, dass die Lebenswirklichkeit desillusionierend ist und ihren Phantasien und persönlichen Idealvorstellungen niemals gerecht wird. Das ist für sie kein Grund, ihre Träume aufzugeben, nur vertrauen sie sie selten anderen Menschen an. Parvati-Typen sind in der Tat verschwiegen und vorsichtig. Sie mögen dabei nach außen oft schüchtern wirken, doch lassen sie sich nicht in den Hintergrund drängen und erweisen sich meist als sehr zäh.
Die machtvolle indische Krebs-Göttin lässt die unter ihrem Einfluss Geborenen stets nach bedingungsloser Liebe und nach vollkommenen Vertrauen suchen. Sie haben von Natur aus starke Emotionen und handeln nach dem Prinzip: *Ich fühle*.
Die Liebe geht den Menschen dieses Zeichens über alles und ihr Verlangen danach ist unendlich groß. Dabei ist sie ihnen gleichbedeutend mit der Wärme und Sicherheit eines Zuhauses. Dem trauten Heim und den geliebten Personen gilt ihre ganze Aufmerksamkeit und Fürsorge. In diesem Bereich erspüren sie sofort ein drohendes Unheil oder eine verborgene

Falle. Müssen sie einen Verlust befürchten oder werden sie nicht zärtlich genug behandelt, können sie hart und grausam sein.

Manchmal klammern sie sich in Krisensituationen aber auch an Konventionen, reagieren gereizt, sind besitzergreifend und gehen dabei Auseinandersetzungen oft feige aus dem Weg. Wenn sie verlassen werden, bilden sie sich ein, dass niemand sie versteht, und schmollen.

Die Grunderfahrung der Parvati-Geborenen in der Liebe ist, dass Liebe Verehrung bedeutet und der Freiheit bedarf.

Erlösung

Parvati-Geborene sind im Grunde gläubige Menschen, die einen beachtlichen philosophischen Geist besitzen und einen natürlichen Zugang zu einem enormen feinstofflichen Wissen haben. Zudem werden sie im Laufe der Jahre oft in die Lage kommen, große mediale Fähigkeiten zu entwickeln, die sie die Zukunft auf intuitivem Wege erforschen, erfassen und beurteilen lassen.

Allerdings zeichnen sich unter ihrer Konstellation auch schwer wiegende areligiöse, ja atheistische Tendenzen ab, wobei manche Typen schon in jungen Jahren Konsequenzen aus dieser Einstellung ziehen.

Nicht selten aus dem Kontakt zu anderen Welten heraus verfolgen sie dann verschiedene, im weitesten Sinne des Wortes religiöse Richtungen und unternehmen vor diesem Hintergrund sogar spezielle Reisen. In jedem Falle haben sie einen Bezug zur Esoterik.

Zweifellos fühlen sich Parvati-Typen zur Meditation stark hingezogen, und es mag sein, dass sie im höheren Alter auf diesem Wege jene ungewöhnliche Kraft erlangen, die ihnen dann allmählich ein riesiges spirituelles Wissen und bedeutende mediale Fähigkeiten erschließt und sie zur Weisheit treibt. Wenn sie schließlich ihr enormes Wissen und ihre Fähigkeiten nutzen, um mit geduldiger Vermittlung auch andere Menschen an ihrer Weisheit teilhaben zu lassen, und zudem die Lektion ihres Lebens lernen, zu vergeben, werden sie ihre Wahrheit finden.

Der Mythos Parvatis – der Eber Varaha

Hiranyaksha, ein eifriger Schüler des großen indischen Schöpfergottes Brahma, erwies sich eines Tages plötzlich als hinterhältiger Halunke. Er stahl seinem schlafenden Gönner die Veden – das ewige Wissen – und beförderte die Erde auf den Grund des kosmischen Milchmeeres.
Geistesgegenwärtig schlug Vishnu mit seiner Keule auf den frechen Schüler ein und entriss ihm rasch das heilige Wissen wieder. Um nun die Erde zu retten, nahm Vishnu die mächtige Gestalt des Ebers Varaha an. Er hob sie auf seinen gewaltigen Hauern aus dem Ursprung wieder heraus ins helle Licht, wo sich nun die fünf Kontinente zeigten. Dabei rettete Vishnu auch die Erdgöttin Privithi, die ihm fortan immer wieder als hilfreiche Gefährtin zur Seite stand.
Vishnus Tat war heroisch, doch hatte er Hiranyaksha noch nicht erledigt, sondern musste noch einmal als Narasimha wiederkommen, wie der Löwe-Mythos erzählt.

5. Der schöpferische Brahma – Das göttliche Prinzip im Löwen

Die Tat ist überall entscheidend.

Der Löwe im alten Indien

Indischer Name:	Simha
Indischer Gott:	Brahma
Bedeutung:	Schöpfung
Planet:	Sonne (ind.: Surya)
Energie:	positiv, aktiv, männlich
Element:	Feuer
Typus:	Organisator (festes Zeichen)
Kennzeichen:	Geist, Inspiration
Tageszeit:	14:00 – 16:00 Uhr
Handlungsprinzip:	Ich will.
Physis:	Herz
Stimme:	dunkel, fest
Reittier:	Schwan
Farben:	Gold, Orange
Pflanze:	Sonnenblume
Glücksstein:	Diamant
Metall:	Gold
Glückszahlen:	1 und 4
Glückstag:	Sonntag
Ideale Partner:	Agni (Widder), Indra (Schütze)
Haupttugend:	Würde
Hauptfehler:	Überheblichkeit

Charakter

Am Beginn aller Zeit entstieg Brahma einer Lotosblüte, die sich aus dem Schoß des Urozeans, also des unendlichen Alls, erhob. Er war der erste Spross des Lichtes und sollte bald als allmächtiger Schöpfer in die Geschichte eingehen. So ist er als Einziger auf der Sonne mit ihrer positiven, also aktiven Kraft zu Hause. Sein Element ist folglich das Feuer. Daher paaren sich bei den Menschen seines Zeichens meist Dynamik, Ehrgeiz und Durchsetzungsfähigkeit mit großer Intelligenz, mit viel Mut und beträchtlichem Idealismus. Da Brahmas Zeichen ein festes Zeichen ist, verleiht sein Einfluss außerdem ein natürliches Selbstbewusstsein sowie Charakter- und Willensstärke, dazu ein inneres Bedürfnis nach Ordnung und Harmonie. Die Brahma-Geborenen erweisen sich daher meistens als hervorragende Organisatoren, die immer den Überblick bewahren. Dabei beachten sie auch Details und sind recht perfektionistisch. Sie handeln nach festen Prinzipien und können einen strengen Eindruck auf andere machen.

Wie kaum ein anderer Menschentyp sind sie durch ihre natürlichen Gaben im Allgemeinen in der Lage, aus ureigener Kraft, nach eigenen Vorstellungen und Ideen etwas aufzubauen, das dann nach ihren Regeln funktioniert und Bestand hat. Sie sind die geborenen Unternehmer und zwar in allen Bereichen des Lebens. So können sie durchaus auch einmal eine Pleite verkraften, doch sind sie auf Erfolg programmiert und werden selten aufgeben, bis sie es schließlich zu etwas gebracht haben.

Meist dürfen sie mit Recht auf ihre Leistungen sehr stolz sein und Anerkennung erwarten. Da ihre Sonne als leuchtender Stern das Zentrum unseres Planetensystems bildet, lieben sie es auch, stets im Mittelpunkt des Geschehens und der allgemeinen Aufmerksamkeit zu stehen. Dabei achten sie oft peinlich auf ihr Prestige. Nun sollten sie sich jedoch vor Übertreibungen hüten, besonders vor einem überheblichen beziehungsweise arroganten Auftreten. Dann können sich manche Menschen dieses Zeichens im Leben viel Leid ersparen. Wenn Brahma-Geborene nämlich ihre Mitmenschen, besonders ihre Partner, Kinder, Freunde und Kollegen nur noch als Planeten um ihre Sonne, als abhängige Untergebene oder etwa als Statisten in ihrem Leben behandeln, machen sie sich Feinde und beschwören Rebellionen herauf. So müssen sie vielleicht am Ende große Verluste beklagen.

Um dies zu verhindern, kann ihnen Brahma persönlich als Vorbild dienen. Da sich der Gott der Schöpfung bewusst ist, dass er selbst ein Produkt der Schöpfung ist, tritt er hinter dieser zurück. Obwohl er zudem der Bedeutendste unter seinesgleichen ist, bleibt er sogar im Kreise seiner Götterkollegen fast immer im Hintergrund. Auch gibt es in Indien heute nur wenige Tempel zu Brahmas Ehren. Er lässt sich eben nur selten anbeten. Die Menschen seines Zeichens, die sich in ihrem Leben sein weises Handeln nicht zu Eigen machen, drohen ernsthaft zu scheitern. Sie gehören dann zu den bedauernswertesten Kreaturen auf der Welt und enden nicht selten als Landstreicher. Da die Brahma-Geborenen an sich selbst meistens sehr hohe Anforderungen stellen, verkraften sie es nämlich nur schwer, wenn sie ihre Ziele im Leben verfehlen und sich ihre Wünsche nicht erfüllen.

Insbesondere in der Wahl ihrer Partner sollten sie sehr umsichtig handeln und sich wiederum an Brahma ein Beispiel nehmen. Seine liebende Gattin und treue Gefährtin ist Sarasvati, die Göttin der Weisheit, eine bedeutende Erscheinungsform der Waage-Göttin Lakshmi. So sollten sich die Menschen unter Brahmas Einfluss ebenbürtige Partner und Gefährten suchen und zuweilen auch auf deren gut gemeinte Ratschläge hören. An sich bilden sich ja unter Brahmas Einfluss attraktive Persönlichkeiten heraus, die sehr gute Chancen haben, einen passenden Partner zu finden. Sie besitzen im Allgemeinen ein vornehmes Auftreten, haben einen exzellenten Geschmack und gute Manieren. In der Tat haben sie manchmal etwas Aristokratisches an sich, immer aber sind sie voller Würde und Ehre. Dazu gab ihnen Brahma ein nobles Herz und eine große Seele. So sind sie zu wahren und starken Gefühlen fähig. Zwar nehmen sie dadurch auch alles persönlich und neigen dazu, jedes Geschehen zu dramatisieren und entsprechend emotionell zu handeln, doch sind sie sehr wohl in der Lage, das Leben auch von einer philosophischen Seite zu betrachten.

Brahma verkörpert ja doch das schöpferische Prinzip in allem. Er ist der Kreative, der ewige Weise und der Urahn aller Wesen. Sein Reittier ist der Schwan, Symbol der Reinheit und der Schönheit der Schöpfung.

Wenn es den Menschen seines Zeichens gelingt, ihren selbst gewählten Auftrag vor allem auch als geistige Aufgabe zu verstehen, der sie sich selbst unterordnen, dann gelingt es ihnen auch, andere durch alle Höhen und Tiefen des Lebens sicher zu führen, innere Größe zu gewinnen und eine göttliche Seele zu entwickeln.

Geburtsthema

Seit Kindertagen ist es das Ziel der Brahma-Geborenen, in allen Bereichen des Lebens immer weiter voranzukommen. Kaum wird es je Stillstand in ihrem Leben geben, denn stets sind sie auf der Suche nach neuen Herausforderungen und neuen Erfahrungen. So werden sie ein Leben führen, das von etlichen Wechseln und einigen Eskapaden geprägt wird. Diese betreffen vor allem ihren Wohnort, aber auch ihren Arbeitsplatz und ihre Partner(innen).

Dabei führen sie ihr Leben grundsätzlich nach eigenen Regeln. Andererseits bestimmen feste ethische Vorstellungen vom Dasein ihr Denken und Handeln. Ihr innerstes Bestreben ist es, der Welt zu geistigem Wachstum zu verhelfen. Mit dieser philantropischen Grundeinstellung ziehen sie in den Kampf des Lebens, immer im Interesse der Sache, häufig nach dem Motto: *Koste es, was es wolle.* Damit handeln sie sich allerdings trotz allerbester Absichten oft ernste Probleme ein. Sie laufen nämlich Gefahr, keinen wirklichen menschlichen Fortschritt zu erzielen, während ihr selbstloser Einsatz in Selbstaufgabe zu münden droht. Zu ihren karmischen Aufgaben gehört es deswegen, sich und ihr Tun stets selbstkritisch zu hinterfragen, um aus Fehlern und Erfahrungen lernen zu können. Vor allem aber ist es ihre karmische Aufgabe, bei all ihren Aktionen das Extreme zu vermeiden, ihre innere Balance zu finden und zu bewahren. Gelingt ihnen dies in zunehmendem Maße, werden sie mit den Jahren zu innerer Ruhe und Zufriedenheit finden. Doch werden sie sich in Geduld üben müssen, denn ihr Lebensweg wird keinesfalls einfach, sondern mitunter von harten Rückschlägen geprägt sein. Nun hilft ihnen in kritischer Lage immer ihre optimistische, hoffnungsvolle Veranlagung. Auch gelingt es ihnen meist, das Beste aus jeder Situation zu machen. So wird es ihnen nie wirklich schlecht ergehen. Auch wenn sie also recht lange auf Wanderschaft, auf der Suche nach dem Glück und nach ihrer inneren Wahrheit bleiben, verspricht das Schicksal den Brahma-Geborenen alles in allem ein erfülltes Leben. Mit immer mehr Mut zum Dasein kann es ihnen gelingen, ihr Schicksal am Ende aufzulösen.

Gesundheit im Zeichen Brahmas

Die Brahma-Geborenen erfreuen sich im Allgemeinen ihr Leben lang einer stabilen Gesundheit und einer scheinbar unerschöpflichen Vitalität. Gerade darum sollten sie Hektik und übertriebene Aktivität vermeiden. Denn die Überbeanspruchung ihrer physischen oder auch psychischen Ressourcen kann ihr Wohlbefinden erheblich beeinträchtigen. Da der Löwe-Gott das Herz regiert, sind die Menschen seines Zeichens für alle Arten von Herzkrankheiten anfällig. Besonders die Infarkte führen hier manchmal zu einem schnellen, unerwarteten Ende.

Auch der Rücken ist unter dem Zeichen Brahmas eine verletzliche Zone, die bei Unfällen leicht betroffen ist. Und auch ein Bandscheibenvorfall ist hier keine Seltenheit. Grundsätzlich aber kämpfen Brahma-Geborene heroisch gegen jede Art von Erkrankung an und geben (sich) dabei niemals auf.

Berufe im Zeichen Brahmas

Brahma prägt *Regenten*. Deshalb finden sich unter den Menschen seines Zeichens in der Tat überdurchschnittlich viele Staatsmänner und auch geistliche Würdenträger. Aber vor allem sind es die Industriekäpitäne, die Großunternehmer und die führenden Manager, die aus diesem Zeichen hervorgehen. Denn wie kein anderes prädestiniert es dazu, wenn von vornherein kein Imperium zum Regieren zur Verfügung steht, eines aus sich selbst heraus zu schaffen oder ein passendes für sich zu suchen. So kommt einigen hier das Verdienst zu, aus maroden Firmen gut gehende Unternehmen gemacht zu haben.

Die Brahma-Geborenen sind eben als Befehlsempfänger völlig unbegabt. Daher gehen die meisten schon früh lieber das Risiko der Selbstständigkeit ein, als in einer sicheren, aber leider untergeordneten Position ihr Dasein zu fristen. Viele haben unter diesem Zeichen auch schon als Juweliere oder als Goldschmiede Karriere gemacht.

Das Liebesgeheimnis des Brahma

Der große indische Schöpfer Brahma regiert stolz und selbstbewusst die sonnigen Stunden des frühen Nachmittags und handelt nach dem Prinzip: *Ich will.* So wissen die unter seinem Zeichen geborenen Menschen sehr wohl, ihr Selbstvertrauen und ihre Kraft richtig einzusetzen und übernehmen mit beachtlichem Idealismus gern die Verantwortung für ihr Leben. Sie sehen der Zukunft im Allgemeinen optimistisch entgegen und sehen auch die Gegenwart meist von einer positiven Seite. Den Menschen, die verletzbarer oder labiler sind als sie, begegnen sie mit viel Mitgefühl und Rücksichtnahme. Oft bieten sie ihnen auch Hilfe und Schutz.

Die Brahma-Geborenen zeichnen sich nämlich durch Herzenswärme, Großzügigkeit, Edelmut und eine besänftigende Zärtlichkeit aus. Dabei sind sie tolerant und sogar in der Lage, ihren Feinden zu verzeihen. Allerdings suchen sie durch ihr Tun vor allem auch die Bestätigung, den Dank und den Respekt ihrer Mitmenschen. Sie können es nicht ertragen, in Frage gestellt oder sogar lächerlich gemacht zu werden. Das jeweils andere Geschlecht sollte daher dem würdevollen Führernaturell vom Schlage Brahmas am besten stets ein Gefühl von Wichtigkeit vermitteln.

Von der Liebe sind die Menschen dieses Zeichens früh begeistert. Besonders in jungen Jahren sind sie oft geradezu in die Liebe verliebt oder manche auch vor allem in sich selbst. Sie alle bleiben dabei hoffnungslose Romantiker auf der Suche nach der Erfüllung ihrer schönen Ideale. Sie wollen bewundern und bewundert werden, lieben und geliebt werden. Sie haben Leidenschaft und verschenken gern ihre Zuneigung. So gibt es im Leben vieler Brahma-Geborenen auch gelegentlich Enttäuschungen, obwohl sie doch im Grunde treue, liebenswerte und vornehme Seelen sind. Diese können sich aber in kritischen Situationen in eitle, hochmütige Tyrannen verwandeln.

Die Grunderfahrung Brahma-Geborener in der Liebe ist, dass Liebe Ekstase bedeutet und Bescheidenheit braucht – ab und an wenigstens.

Erlösung

Brahma-Geborene sind im Grunde gläubige Menschen, die eine angeborene Weisheit besitzen und dabei von der inneren Gewissheit geleitet werden, dass es mehr als eine nur anfassbare Welt gibt.

Aus dem Kontakt zu anderen Welten heraus verfolgen sie oft verschiedene, im weiteren Sinne religiöse Richtungen, wobei sie sich auch für den Hinduismus, den Buddhismus und den Taoismus interessieren. Zudem mögen sie einen Bezug zur Esoterik finden.

Brahma-Typen haben einen philosophischen Geist, der nach Wachstum strebt. Sie glauben weniger an das Schicksal im Sinne eines unverrückbaren Fatums, als vielmehr an das Karma, das sich durch die Erfüllung ihrer Lebensaufgaben auflösen lässt und damit Erlösung verspricht.

Viele können auf ihrer Suche nach dem Unbekannten, nach den Antworten auf die großen Fragen des Lebens im Laufe ihrer Jahre durch Forschung, Reisen und Schreiben persönliche Fortschritte erzielen. So mag es ihnen dabei auch gelingen, ein beachtliches spirituelles Wissen zu erwerben. Auf dem Weg der Meditation, des Yoga und der Askese dürften sie zudem in die Lage kommen, Kräfte zu entwickeln, die sie die Zukunft sehen und vorhersagen lassen. Nie aber werden sie mit ihren Fähigkeiten an die Öffentlichkeit treten. Zwar respektieren sie den Glauben und den Weg anderer Menschen, doch sie selbst werden stets nur ihren eigenen religiösen Ideen folgen und ihren individuellen Weg gehen.

Wenn es den Brahma-Geborenen gelingt, von festen Ideen und Vorstellungen loszulassen, eine freie Spiritualität und Liebe zu den Menschen zu entwickeln und zu leben, werden sie ihre Wahrheit finden und können ihr Karma am Ende auflösen.

Der Mythos Brahmas: Der Löwe Narasimha

Der hinterhältige Hiranyaksha hatte einst seinem Lehrer Brahma, dem Schöpfer, das Versprechen abgetrotzt, weder von einem Gott, noch von einem Menschen, noch von einem Tier getötet werden zu können – deswegen hatte ihn Vishnu in der Gestalt des Ebers Varaha auch nicht erledigen können – und weder bei Tage noch bei Nacht, weder in einem Haus noch außerhalb sterben zu müssen. Hiranyasha fühlte sich nun den Göttern gleichgestellt und benahm sich immer anmaßender. Bei einem Streit mit seinem Sohn Pralhada, der Vishnu verehrte, trat Hiranyaksha voller Wut gegen eine Säule in seinem Haus und forderte dabei die Allgegenwart des großen Erhalters höhnend heraus.

Da sprang Vishnu als Narasimha, der Löwenmensch, urplötzlich aus der Säule hervor und vollbrachte das scheinbar Unmögliche. Er ergriff den Frevler in der Dämmerung und riss ihm zwischen Tür und Angel mit seinen scharfen Krallen die Eingeweide aus dem Leib.

Damit missachtete Vishnu zwar in gewisser Weise die vormaligen Schutzzusagen Brahmas, doch befreite er die Welt von einem unberechenbaren Teufel.

Als Narasimha, als Mensch mit dem Furcht erregenden Kopf und Oberkörper eines Löwen, stellte Vishnu lange Zeit das Vorbild für die indische Ritterschaft dar, denn er symbolisierte unbezwingbaren Mut, unbeugsamen Stolz, die höchste Ehre und Stärke von Menschen, die selbst in ausweglosen Situationen noch Rettung schaffen.

6. Der weise Ganesha –
Das göttliche Prinzip in der Jungfrau

*Es ist besser, das geringste Ding der Welt zu tun,
als eine halbe Stunde für gering zu halten.*

Die Jungfrau im alten Indien

Indischer Name:	Kanya
Indischer Gott:	Ganesha
Bedeutung:	Elefant
Planet:	Merkur (ind.: Budha)
Energie:	negativ, passiv, weiblich
Element:	Erde
Typus:	Vermittler (bewegliches Zeichen)
Kennzeichen:	Physis, Sachlichkeit
Tageszeit:	16:00 – 18:00 Uhr
Handlungsprinzip:	Ich analysiere.
Physis:	Eingeweide
Stimme:	klar, präzise
Reittier:	Maus
Farbe:	Grün
Pflanze:	Haselnuss
Glücksstein:	Smaragd
Metall:	Platin
Glückszahlen:	5 und 10
Glückstag:	Mittwoch
Ideale Partner:	Nandi (Stier), Shiva (Steinbock)
Haupttugend:	Unterscheidungsvermögen
Hauptfehler:	Verkrampfung

Charakter

Ganesha ist der indischen Mythologie zufolge der Sohn Shivas, des großen Zerstörers und Erneuerers, und Parvatis, der großen Mutter. Seinen Elefantenkopf hat er dem ungezügelten Temperament seines Vaters zu verdanken. Als Shiva nämlich einmal von einer langen Reise heimkehrte, wollte ihn Ganesha auf Befehl seiner Mutter nicht einlassen. Doch Shiva stürmte vor und überraschte seine Frau Parvati mit einem jungen Liebhaber. Vor Wut schlug Shiva Ganesha kurzerhand den Kopf ab. Parvati war entsetzt, Shiva tat sein unüberlegtes Handeln auch sofort Leid. Seinen Sohn nun wieder zum Leben zu erwecken, war aber nur dadurch möglich, dass er ihm allerschnellstens einen neuen Kopf aufsetzte. Er musste den des erstbesten Lebewesens nehmen, das ihm begegnete. Und das war zufällig ein Elefant.

Ganeshas Kopf steht nun für sein enormes Wissen und sein hervorragendes Gedächtnis, woran er die Menschen seines Zeichens teilhaben lässt. Er gab ihnen außerdem herausragende intellektuelle Fähigkeiten mit auf den Lebensweg, die sie tiefe Einsichten gewinnen lassen. In Indien wird Ganesha nämlich als Gott der Weisheit und des Verstandes hoch verehrt. Auch ist er auf Merkur, dem Planeten des Denkens, beheimatet. Dieser zeigt Ganesha-Geborenen seine negative, passive Seite. Sie denken daher immer erst gründlich nach, bevor sie etwas tun. Dann aber handeln diese weitsichtigen Strategen sehr schnell, der Sachlage entsprechend und zielsicher – sie treffen fast immer genau ins Schwarze.

Ganeshas Zeichen ist nämlich beweglich und prägt also mental und physisch höchst anpassungsfähige Naturen, die dazu ein ausgeprägtes Talent haben, selbst schwierigste Sachverhalte präzise erfassen und vermitteln zu können. Dann zeigt sich ihr großes psychologisches und oft auch pädagogisches

Geschick. Ganeshas Gefährtin, die kleine Maus, gelangt nämlich auch in die dunkelsten Ecken. Sie bringt seinen Geist überallhin und trägt damit zur Aufklärung von Verwicklungen bei. Dabei bringt sie auch viel Charme in das Leben der Menschen. So sind die Ganesha-Geborenen meist sehr charmante, freundliche, ruhige Wesen, die eine natürliche Würde und Selbstsicherheit besitzen. Sie sind außerdem gute Zuhörer, die über die ihnen anvertrauten Dinge bis ins Grab schweigen können.

Ganeshas Element ist die Erde. Also sind die Menschen seines Zeichens ohne viel Mühe in der Lage, sich einzuschätzen, für sich selbst zu sorgen und sich im Leben durchzusetzen. Sie gehen ökonomisch mit ihren geistigen und körperlichen Kräften um, zumal sie keineswegs in der Theorie verhaftet sind, sondern ihre Intelligenz praktisch anwenden. Dabei arbeiten sie immer methodisch und haben meist großen geschäftlichen Erfolg.

Sie sind sensibel ihrer Umwelt gegenüber, haben einen ausgeprägten Sinn für Formen und sind höchst diszipliniert. Sie haben ihre Gefühle ebenso unter Kontrolle wie ihren Geist und ihren Körper, deren Ausdruck sie nahezu perfekt beherrschen. Sie sind oft sehr sprachbegabt und haben eine klare Stimme. Viele arbeiten daher beim Film oder an Bühnen, sowohl vor als auch hinter den Kulissen etwa als Autoren oder Regisseure. Sie lieben jedenfalls Frieden und Kultur.

Im Ausdruck ihrer innersten Gefühle sind die Menschen dieses Zeichens allerdings sehr zurückhaltend. So legen sie bei der Wahl ihrer Partner zunächst sehr großen Wert auf geistige Übereinstimmung. Ganesha ist schließlich mit Budhi, der Göttin der Intelligenz und der Einsicht, und mit Sidhi, der Göttin des Erfolges und der Vollkommenheit, liiert. An die Einsicht der Ganesha-Geborenen muss man zuweilen appellieren. Sie können sich ab und an heftig über die kleinsten Kleinigkeiten aufregen und Leute, die ihren Perfektionsdrang nicht teilen, heruntermachen. Zuweilen gehen sie so weit, dass sie andere Meinungen, Lebensweisen und Denkarten dann einfach nicht gelten lassen.

Doch lassen sie sich im Allgemeinen bekehren, denn wie Ganesha gehen sie allen Dingen auf den Grund und streben in Gedanken und Taten nach Aufrichtigkeit. Ganesha leitet sie auf den rechten Weg, räumt Hindernisse beiseite und treibt sie zur Erlösung. Wenn die Menschen dieses Zeichens ihr Wissen und ihre Weisheit nutzen, werden sie einsichtig und sicher ihre Wahrheit finden.

Geburtsthema

Von Kindheit an ist es das größte Ziel der Ganesha-Geborenen, immer neue Dinge kennen zu lernen. Sie lieben Veränderungen. Sicher wechseln sie im Leben öfter ihren Wohnort, auch ihren Arbeitsplatz und außerdem ihre Partner. Also dürften auch ihre Finanzen mitunter fluktuieren. Besonders in ihrer ersten Lebenshälfte geht es vielfach auf und ab, denn sie haben eine Tendenz, Gelegenheiten zum Weiterkommen zu verpassen. Daneben gibt es einige Hindernisse auf ihrem Weg zu überwinden. Doch gerade in schwierigen Situationen kommt ihr bedeutendes Talent zum Tragen, (fast) allen Lebenslagen das Beste abgewinnen zu können und damit (relativ) zufrieden zu sein.

Doch damit müssen sich die Ganesha-Geborenen nicht begnügen. Natürlich möchten auch sie das Leben genießen und streben daher fest nach Anerkennung und Wohlstand. Ihre karmische Aufgabe besteht dementsprechend vor allem darin, Stabilität in ihr Dasein zu bringen, sonst bleiben sie ewige Wanderer. Indem sie in erster Linie sich selbst und außer-

dem ihre Umwelt ehrlich analysieren, wird ihnen dies auch immer besser gelingen. Dann dürfen sie mit echten Fortschritten und Erfolgen auf allen Gebieten rechnen.
Im Großen und Ganzen stehen die Ganesha-Geborenen bis an ihr Ende auf der Gewinnerseite im Leben, und viele Hoffnungen erfüllen sich.

Gesundheit im Zeichen Ganeshas

Ganesha ist der Herr über die Eingeweide, die daher bei den Menschen seines Zeichens sehr empfindlich sind. Sie sollten auf ihre Ernährung achten, denn sie leiden sonst unter Koliken oder unter Durchfall und sind für alle Magen-Darm-Krankheiten anfällig. Manchmal können diese psychische Ursachen haben, wenn nämlich die Menschen unter Ganeshas Einfluss den Ärger in sich hineinfressen. Eine Anekdote soll dies verdeutlichen: Der Dämon des Feuers, Analasura, kam eines Tages auf die Welt und verbrannte sie, wo immer er auch hinging. Um dem Einhalt zu gebieten, verschluckte Ganesha ihn einfach. Dies aber löste nun in seinen Eingeweiden große Hitze aus. Er drohte, innerlich zu verbrennen. Doch in letzter Minute rettete ihm ein weiser Arzt durch eine spezielle Medizin das Leben. Grundsätzlich sollten die Menschen dieses Zeichens Acht geben, dass sie sich durch unvorsichtiges Verhalten kein chronisches Leiden, welcher Art auch immer, zuziehen.
Da die Ganesha-Geborenen im Allgemeinen aber eine sehr robuste Gesundheit haben, sterben die meisten von ihnen im hohen Alter eines Tages einen friedlichen Tod im Bett.

Berufe im Zeichen Ganeshas

Ganesha verleiht viel psychologisches Talent und dazu häufig großes pädagogisches Geschick. Daher betätigen sich die Menschen seines Zeichens oft als Lehrende, sei es an Schulen, Universitäten oder religiösen Institutionen, und geben auf allen möglichen Gebieten gute Trainer ab. Ihre Gabe, selbst hinter die schwierigsten Dinge zu kommen, macht aus ihnen hervorragende Detektive. Nichts bleibt Ganesha-Geborenen nämlich verborgen.

Viele nutzen ihre Talente bei der schreibenden Zunft, zum Beispiel als Journalisten oder Herausgeber, mehr aber noch als Schriftsteller, besonders als Dramatiker. Ihre Selbstbeherrschung macht aus ihnen auch gute Schauspieler, und ihr überragender Sinn für Ausdruck prägt hervorragende Regisseure, zuweilen auch Musiker. Ihre Liebe zum Detail und auch zu Ordnung und Sauberkeit lässt manchen auch eine Karriere als Zeichner oder Kunsthandwerker, als Uhrmacher oder Ähnliches einschlagen.

Das Liebesgeheimnis Ganeshas

Dem klugen Ganesha gehören die Stunden am späten Nachmittag. Er überblickt nun bereits das Werk des Tages und bemüht sich, es zu vervollkommnen. Dabei handelt er nach dem Prinzip: *Ich analysiere.* Die Menschen unter seinem Einfluss denken realistisch und kritisch. Sie sind meist hoch intelligent und sehr agil. Ausbildung und Arbeit haben in ihrem Leben oft einen hohen Stellenwert, und fast immer bringen sie mit Erfolg zu Ende, was sie einmal angefangen haben.

Sie passen sich ihrer Umwelt an, da sie wissen, dass sie mit anderen kooperieren müssen, um ihre eigenen Bedürfnisse befriedigen zu können. Sie haben eine humanitäre Einstellung, sind normalerweise sehr hilfsbereit und daher in der Gesellschaft gern gesehen. Ganesha brach mit seinem Rüssel einst seinen eigenen Stoßzahn ab, um mit diesem als Griffel dem legendären Dichter Vyasa beim Niederschreiben der Veden zu helfen. So wurde Ganesha zum Herrn der zeitlosen Überlieferung, die sich ewig durchsetzen wird. Die Menschen dieses Zeichens glauben daher an überzeitliche Ideen und Ideale, zum Beispiel auch an die Liebe.

Doch lassen sie sich meist nur sehr zögerlich auf eine Partnerschaft ein, denn sie fürchten, sich selbst dabei aufgeben zu müssen. Obschon sie selten eine konkrete Vorstellung von der Zukunft in einer Ehe haben, orientiert sich diese durch ihr waches Bewusstsein und ihr klares Urteilsvermögen stark an der Wirklichkeit. Für Träumereien haben Ganesha-Geborene keinen Sinn und meistens auch keine Zeit. Dennoch ist ihr reines Herz erfüllt von der stillen Hoffnung, eines Tages die Liebe zu finden, die ihnen ihre innere Freiheit lässt. Überwinden sie ihre Ängste, verehren sie zärtlich und aufrichtig die geliebten Personen, für die sie sich auch verantwortlich fühlen. Auf flüchtige Romanzen legen sie übrigens nicht allzu viel Wert.

Kommt es zum Bruch, bleiben die Menschen unter dem Einfluss des indischen Jungfrau-Gottes ehrlich gegen sich selbst und gegen den anderen. Vor ihrer Kritiksucht und Haarspalterei kann man sich dann allerdings kaum mehr retten. Sammeln sie schlechte Erfahrungen, entwickeln sie einen tiefen Pessimismus, fühlen sich unterlegen und werden schüchtern.

Die Grunderfahrung Ganesha-Geborener in der Liebe ist, dass Liebe Reinheit bedeutet und Erfüllung braucht.

Erlösung

Zweifellos sind Ganesha-Geborene im Grunde rationale Typen und im konventionellen Sinne sicher keineswegs religiös. Andererseits besitzen sie eine große Seele und eine angeborene Weisheit, die ihnen einen freien Glauben ermöglichen.
Ihr besonderes Interesse mag der Philosophie gelten, und viele erlangen im Laufe der Jahre gründliche Kenntnisse auf diesem Gebiet. Es ist gut möglich, dass sie bei ihren intensiven Studien dann ungewöhnliche psychische und spirituelle Erfahrungen machen und davon mental profitieren.
Manche werden gar eine Zeit lang Heim und Familie zurücklassen, um in der Natur zu meditieren. Im hohen Alter mögen viele ihr glückliches Dasein sogar ganz aufgeben, um für die Meditation zu leben. Wenn es ihnen dabei gelingt, sich selbst und außerdem ihre Umwelt ehrlich zu analysieren, gelangen sie auf diesem Wege zu einer inneren Wunschlosigkeit und letztlich zu echtem Glück. Sie haben durchaus die Gaben, ihre Wahrheit und damit ihre Erlösung zu finden.

Der Mythos Ganeshas: Krishna, der Staatsmann

Krishna kam als Inkarnation Vishnus auf die Welt, um unrechtmäßige Herrschaften zu beseitigen. Seine Jugendzeit füllt den Mythos Lakshmis, seine spätere Zeit den Ganeshas.
Krishna hatte demnach schon in jungen Jahren etliche bedeutende Heldentaten vollbracht und tausende von amourösen Abenteuern bestanden, als eine neue große Herausforderung auf ihn zukam.
Nach langen Jahren schlimmer Intrigen und Gefechte forderte der Held Arjuna seinen Erzrivalen zum Endkampf um die rechtmäßige Krone. Krishna stellte sich als Wagenlenker in

den Dienst Arjunas und gab ihm als gewandter Redner vor der entscheidenden Schlacht jene kluge Unterweisung, die später als Klassiker der indischen Staatslehre und Staatsphilosophie in die Geschichte eingehen sollte. Dabei gab sich Krishna als Avatar Vishnus zu erkennen: *Ich bin der Ursprung und das Ende der ganzen Welt, über mir gibt es nichts, an mich ist dieses All angereiht wie Perlen an einer Schnur. Ich bin das Leben in allen Wesen.*

Arjuna und die Seinen siegten, und dennoch verloren sie zuletzt ihr Leben. Krishna nahm die Schuld daran auf sich, und damit traf ihn jener Fluch, nach dem auch er endlich alles im Leben verlieren sollte, bis er selbst – wie es die Vorsehung wollte – von einem Jäger im Wald erschossen wurde.

7. Die aufregende Lakshmi – Das göttliche Prinzip in der Waage

Kunst kennt keine Konstante.

Die Waage im alten Indien

Indischer Name:	Tula
Indische Göttin:	Lakshmi
Bedeutung:	Reichtum
Planet:	Venus (ind.: Sukra)
Energie:	positiv, aktiv, männlich
Element:	Luft
Typus:	Führer (kardinales Zeichen)
Kennzeichen:	Intellekt, Ratio
Tageszeit:	18:00 – 20:00 Uhr, Dämmerung
Handlungsprinzip:	Ich verbinde.
Physis:	Hüften, Nieren, Haut
Stimme:	sanft, harmonisch
Reittiere:	Elefant und Pfau
Farben:	Violett, Blau
Pflanze:	Lotos
Glücksstein:	Opal
Metall:	Kupfer
Glückszahlen:	6 und 8
Glückstag:	Freitag
Ideale Partner:	Vishnu (Zwilling), Garuda (Wassermann)
Haupttugend:	Urteilskraft
Hauptfehler:	Unausgeglichenheit

Charakter

Lakshmi, die Göttin der Schönheit, des Glücks und des Reichtums, ist Vishnus Gattin. Ihr harmonisches Verhältnis und ihre Treue zueinander sind Inbegriff der vollkommenen Liebe. Vishnu, der Erhalter der Welt, empfing sie aus dem kosmischen Milchmeer, das heißt von der Milchstraße. Genau genommen ist Lakshmi auf der Venus zu Hause. Die Menschen ihres Zeichens sind daher meist überaus anziehend und charismatisch. An Heim und Familie aber sind sie kaum interessiert, obschon sie oft ein Leben lang nach der perfekten Partnerschaft suchen.

Doch Ideale wie Schönheit im Sinne von Harmonie oder Glück im Sinne von Erfüllung und Reichtum im Sinne treuer Liebe betrachten Lakshmi-Geborene vor allem gesellschaftlich. Sie wollen die Welt zum Besseren verändern, sie reformieren, zuweilen auch revolutionieren. Der Liebesplanet hat ihnen dazu seine positive, also aktive Seite zugewandt. Das Zeichen der indischen Waage-Göttin ist zudem kardinal. Diese Kombination prägt dynamische, führungsstarke Typen mit enormer Energie, einem ausgeprägten eigenen Willen und einer inneren natürlichen Überlegenheit.

Aufgrund der Kraft der Venus sind sie von Grund auf human eingestellt und auch persönlich sehr einfühlsam, doch streben sie immer nach größtmöglicher Objektivität und haben einen unübertrefflichen Sinn für Gerechtigkeit. Sie sind wie kein anderer Menschentyp in der Lage, zu Gunsten der Gemeinschaft schnell und präzise Entscheidungen zu treffen, die das Schicksal des Einzelnen sehr wohl in den Hintergrund drängen können. Lakshmis Element ist nämlich die Luft, was den Menschen ihres Zeichens große Intelligenz, kühle Logik und praktische Vernunft verleiht. Außerdem besitzen sie eine fast unfehlbare Urteilskraft, ein hervorragendes Vorstellungsvermögen und auch eine Menge Intuition. Sie sind begeisterungsfähig und verstehen es zugleich, auch andere zu begeistern. Oft sind sie daher allein kraft ihrer Persönlichkeit fähig, sogar die Massen zu mobilisieren und auf diese Weise die Weltgeschichte nachhaltig zu beeinflussen.

Doch sie sind vor allem begnadete Taktiker und gute Organisatoren mit manchen brillanten, ja kühnen Ideen. Wenn sie es wollen, können sie alle Barrieren durchbrechen, um ihre Ziele zu erreichen. Dies tun sie jedoch sehr selten aus Eigennutz, sondern für ein besseres Leben in der Gemeinschaft.

Ihre physische und psychische Wendigkeit befähigt sie dazu, in allen möglichen Bereichen Karriere zu machen. Egal, wofür sie sich entscheiden, meistens sind Lakshmi-Geborene sehr bald Anwärter auf leitende Positionen. Insbesondere ihre Menschlichkeit wird geschätzt und lässt sie viele Verbündete, auch gute Freunde und treue Anhänger finden. So sind sie im Allgemeinen sehr erfolgreich, gelangen zu großer Anerkennung und nicht selten zu echtem Ruhm. In diesem Sinne gilt Lakshmi auch als Göttin der Fruchtbarkeit und der Fülle, des Gedeihens und der Ernte. Zum Geld haben die Lakshmi-Geborenen also ein natürliches Verhältnis – es ist natürlich immer welches da.

Meist handelt es sich um äußerst kultivierte, elegante Menschen. So suchen sich viele von ihnen ihr Publikum und ihr Forum auch in der Kunst. Hier geht die Gestalt der Lakshmi in die der Sarasvati, der schönen Göttin der Erleuchtung, über, die in der indischen Mythologie die Gattin des Weltenschöpfers Brahma ist. Sie schützt die bildenden Künste, die Musik, den Tanz und die Dichtung und gab den Menschen die Stimme. Man schreibt ihr zudem die Erfindung des Sanskrit, der klassischen Sprache des alten Indien, zu und stellt sie oft mit Palmblatt-Manuskripten in den Händen dar.

Weniger hoch entwickelte Menschen dieses Zeichens laufen

Gefahr, bei der Durchsetzung ihrer Ziele viel zu weit zu gehen, Fanatiker oder Propagandisten zu werden, und dabei den Blick für die Realität und schließlich sich selbst zu verlieren. Andere verzetteln sich bei ihren Projekten. Wann immer etwas schief läuft im ausgetüftelten Lebensplan der Lakshmi-Geborenen, reagieren sie mit Unausgeglichenheit und können dann ganz unausstehlich sein.

Lakshmi stehen zwei Elefanten, Kraft und Weisheit, als Reittiere zur Verfügung, während Sarasvati der Pfau, Symbol der Harmonie und der Schönheit der Schöpfung, als Gefährte dient. Die Menschen unter diesem Zeichen lieben ihre Ideale ebenso wie die Wahrheit. Sie lernen sehr schnell, die Welt zu transzendieren, entwickeln oft prophetische Eigenschaften und stellen eine starke Verbindung zu ihrem astralen Lebensplan her.

Geburtsthema

Seit sie denken können, streben Lakshmi-Geborene nach Humanität, Frieden und Schönheit in menschlichen Beziehungen und in allen Bereichen des Lebens und suchen dabei nach einer eigenen Ethik, das heißt nach Normen und Maximen der Lebensführung, die sich aus der moralischen Verantwortung gegenüber anderen Menschen wie auch gegenüber der Natur herleiten lassen. So möchten sie das Leben einerseits genießen und wollen doch andererseits am liebsten alles vom Leben wissen, um es schließlich zu verstehen. Sie vereinen daher einige Widersprüche in sich. Zum Beispiel denken sie im Prinzip höchst rational, andererseits zeigen sie zuweilen heftige Emotionen. Manchmal sind sie sehr stark, dann wieder sehr verletzlich. Im Allgemeinen treten sie für idealistische Ziele ein, handeln aber auch nach materialistischen Aspekten. Meist halten sie sich an die Tradition, doch plötzlich brennt in ihnen die Revolution. Lange Zeit mögen sie unentschieden hin und her schwanken, doch dann fassen sie sehr überraschend einen festen Entschluss. Sie stecken meistens voller Ungeduld und können doch im Grunde sehr geduldig sein.

Ihren inneren Widersprüchen entsprechend wird das Leben der Lakshmi-Typen meist von vielen Wechseln und großen Höhen und Tiefen geprägt. Natürlich müssen sie auf ihrem Weg Schwierigkeiten überwinden. Doch in Anbetracht von Hindernissen hilft ihnen ihre hoffnungsvolle Veranlagung, und den meisten wird es nie wirklich schlecht gehen. Auch wenn sie recht lange auf Wanderschaft, auf der Suche nach dem Glück und nach ihrer inneren Wahrheit bleiben, verspricht ihnen das Schicksal alles in allem meist ein erfülltes Leben.

Gesundheit im Zeichen Lakshmis

Da Lakshmi die Hüften, die Nieren und die Haut regiert, betreffen Unfälle oder Erkrankungen meist diese Körperzonen. Hüftleiden, Nierenentzündungen oder Hautausschläge kommen bei den Menschen dieses Zeichens daher recht häufig vor. Meist sind die Erkrankungen hier jedoch heilbar beziehungsweise man kann mit ihnen leben (lernen). Grundsätzlich ist nämlich unter Lakshmis Einfluss ein wenig spektakuläres Ende zu erwarten, das nicht die Folge langer Krankheit, sondern vielmehr die letzte Konsequenz des Alterungsprozesses ist und zum Beispiel von einer allgemeinen Abwehrschwäche ausgelöst wird. Allerdings ist das Nervenkostüm der Lakshmi-Geborenen ebenfalls höchst empfindlich. Überreizungen führen bei ihnen daher schnell zu Depressionen.

Berufe im Zeichen Lakshmis

Ihre Führungsqualitäten und ihre soziale Ader weisen den Lakshmi-Geborenen häufig den Weg in die Politik. Viele Staatsmänner, aber auch Diplomaten und hohe Militärs bei der Marine, bei der Luftwaffe und beim Heer gehen aus diesem Zeichen hervor. Aber auch in verantwortlichen Positionen in der Wirtschaft oder bei religiösen oder sozialen Institutionen sind die Lakshmi-Geborenen zu finden. Ihr großer Gerechtigkeitssinn prädestiniert sie für Rechtsberufe. Ob als Anwalt, als Richter oder als Notar – in diesem Bereich sind sie auf jeden Fall richtig am Platz.
Das überdurchschnittliche ästhetische Empfinden bei den Menschen dieses Zeichens formt auch viele Künstler und Kreative wie zum Beispiel Schriftsteller, Maler, Bildhauer, auch Schauspieler, Tänzer oder Sänger sowie Designer.

Das Liebesgeheimnis Lakshmis

Die Seele der verführerischen Lakshmi steht mit der Dämmerung in einem symbolischen Zusammenhang. Sie bildet die Brücke zwischen Tag und Nacht. Die Menschen dieses Zeichens kennen also die Licht- und Schattenseiten des Lebens, sehen die Notwendigkeit zur Kommunikation und handeln mit großer Weisheit nach dem Prinzip: *Ich verbinde*. Die indische Waage-Göttin hat sie mit einer natürlichen Menschenkenntnis ausgestattet, mit großer Intelligenz, einer messerscharfen Logik und mit einer überraschenden Kraft zu führen.
Dabei nutzen sie ihren Sinn für Fairness und für soziale Gerechtigkeit ebenso wie ihre Beredsamkeit und ihre Fähigkeit, sich dabei mit sanfter Stimme und einem strahlenden

Lächeln durchzusetzen. Auch in kritischen Situationen bleiben sie stets freundlich, aber distanziert, doch ihr Charme ist stets betörend.
Die Lakshmi-Geborenen sind die geborenen Verführer. Dabei spüren sie schon früh ein tiefes Verlangen, einen Partner fürs Leben zu finden, der ihnen in allen Belangen zur Seite steht und in der Lage ist, ihren Wunsch nach Schönheit und Harmonie zu befriedigen. Es ist schwer, einen solchen Gefährten zu finden. Doch unnachgiebig suchen die Menschen dieses Zeichens nach dem Geliebten, mit dem sie Freud und Leid teilen können, und entscheiden sich erst, wenn sie glauben, ihn gefunden zu haben.
Die Liebe bedeutet ihnen eine kunstvolle Verbindung zwischen Herz und Verstand. Haben sie Feuer gefangen, sind sie voller Gefühle, behalten aber dabei ihren Sinn für die Realität. Entscheiden sie sich endlich für ein Zusammenleben, halten sie das emotionale Gleichgewicht zwischen heißer Leidenschaft und kühler Erotik. So sind sie fasziniert von der Polarität zwischen Mann und Frau, fragen sich aber selten, warum sie eigentlich lieben. Scheitern sie in einer Beziehung, werden sie reizbar und streitsüchtig. Sie suchen dann überall ihr Vergnügen und werden emotional immer unentschlossener.
Die Grunderfahrung Lakshmi-Geborener in der Liebe ist, dass Liebe Schönheit ist und Harmonie braucht.

Erlösung

Lakshmi-Geborene haben im Allgemeinen eine gläubige Seele und respektieren auch die Religion, in der sie erzogen worden sind. Selten werden sie ihre Wurzeln verleugnen.
Zweifellos interessieren sie sich ernsthaft für Religion und Philosophie und erwerben mit der Zeit fundierte Kenntnisse in

diesen Bereichen, über die sie auch gern öffentlich diskutieren. Einige werden sogar entsprechende Reisen unternehmen. Auch mit dem Spiritualismus und Okkultismus werden sich viele intensiv beschäftigen.

Lakshmi-Typen besitzen eine angeborene Weisheit und dazu ausgezeichnete Fähigkeiten für ein mentales Wachstum. So gelingt es ihnen häufig, die verborgenen, geheimen Missionen von Menschen intuitiv zu erfassen und zu verstehen. Oft machen sie selbst ungewöhnliche religiöse und psychische Erfahrungen und haben die Fähigkeit zu prophetischen Träumen. Sie können sogar die innere Kraft erlangen, künftige Entwicklungen vorherzusagen.

Ihre meist vielfältigen Lebenserfahrungen werden sie mit den Jahren zu einer echten humanitären Einstellung und zu einem tiefen Verständnis von Menschlichkeit finden lassen. So haben sie gute Chancen, einen natürlichen inneren Bezug zu ihrem eigenen Lebensplan herzustellen. Da sie sich meist ganz hervorragend konzentrieren können, sind Lakshmi-Geborene in der Lage, auf dem Weg der Meditation eine sehr hohe Ebene von Spiritualität zu erreichen. Gelingt es ihnen außerdem, genügend Geduld aufzubringen und auf einem eigenständigen Weg eine Ethik, das heißt Normen und Maximen der Lebensführung, die sich aus der Verantwortung gegenüber anderen herleiten, zu entwickeln, werden sie ihre Suche nach Frieden und Schönheit erfolgreich beenden, ihrem Schicksal dankbar sein, ihr Glück und ihre Wahrheit finden.

Der Mythos Lakshmis: Krishna, der Liebhaber

Seine Kindheit und Jugend erlebte der Held Krishna bei Pflegeeltern, einem Hirtenpaar, in der Nähe der Stadt Mathura, über die der grausame König Kamsa einst zu Unrecht herrschte. Dem

König war nämlich prophezeit worden, dass ihn der achte Sohn seiner Schwester als rechtmäßiger Thronerbe töten würde. Als dieser Sohn kam Krishna als Inkarnation Vishnus zur Welt. Seinen Eltern gelang es jedoch, ihn in die Obhut der Hirten zu geben, noch bevor Kamsa den Neugeborenen erschlagen konnte.

Zusammen mit seinem Bruder Balarama erlebte Krishna nun als Hirtenjunge eine unbeschwerte Kindheit, obwohl er vor seinem Onkel Kamsa, der ihm immer wieder nach dem Leben trachtete, nie sicher war. So musste Krishna schon in jungen Jahren zahlreiche Abenteuer überstehen. Der heitere Knabe tat dies mit Bravour, spielte Kamsa so manchen Schabernack und war immer zu Späßen aufgelegt, sodass er bald der Liebling aller war.

Als aus Krishna dann ein charmanter junger Mann von schöner Gestalt wurde, verdrehte er den Hirtenmädchen gleich reihenweise den Kopf und kam bald in den Ruf, ein göttlicher Liebhaber zu sein. Auch sein zartes Flötenspiel wurde berühmt, denn es war von solch vollkommener Harmonie, dass ihm sogar die Tiere andächtig lauschten. Wo immer er nun mit seiner Flöte auftauchte, brachte er den Menschen viel Lebensfreude.

Krishna beschützte aber auch die Hirten und Bauern, so zum Beispiel einmal vor Indras Zorn, den dieser gewaltige Gott des Gewittersturms in Form von Regenfluten losließ. Da hielt Krishna mit einer Hand einen Berg hoch, sodass die Landleute darunter Zuflucht nehmen konnten, und gab damit schon früh eine Probe seiner überlegenen Kraft.

Doch Kamsa bedrohte weiterhin Krishnas Leben und wollte diesen schließlich in eine Falle locken. Der Tyrann lud also eines Tages Krishna und Balarama nach Mathura ein und forderte sie hier zum Kampf gegen die berühmtesten Boxer des Landes heraus, wobei sie allerdings zufällig von einem wilden Elefanten angegriffen und getötet werden sollten.

Es kam jedoch ganz anders: Die Boxer flohen vor dem wilden Elefanten, den Krishna mühelos besiegte. Dann bewahrheitete sich Kamsas vorhergesagtes Schicksal: Er wurde nämlich nun von Krishna, dem achten Sohn seiner Schwester, hingerichtet. Das rechtmäßige Königspaar kam endlich auf den Thron und regierte, während Krishna und Balarama nun standesgemäß die 64 ritterlichen Künste und das Bogenschießen erlernten. Damit endete Krishnas vergnügte Jugend.

8. Der gefährliche Yama –
Das göttliche Prinzip im Skorpion

Stille Wasser sind tief.

Der Skorpion im alten Indien

Indischer Name:	Vrischika
Indischer Gott:	Yama
Bedeutung:	Urmensch
Planet:	Mars (ind.: Anagaraka)
Energie:	negativ, passiv, weiblich
Element:	Wasser
Typus:	Organisator (festes Zeichen)
Kennzeichen:	Emotion, Empfindsamkeit
Tageszeit:	20:00 – 22:00 Uhr
Handlungsprinzip:	Ich verlange.
Physis:	Muskulatur, Geschlechtsorgane
Stimme:	hart, ruhig
Reittiere:	Büffel und Hund
Farben:	Rot, Schwarz
Pflanze:	Orchidee
Glücksstein:	Granat
Metall:	Quecksilber
Glückszahl:	9
Glückstag:	Dienstag
Ideale Partner:	Parvati (Krebs), Ganga und Yamuna (Fische)
Haupttugend:	Scharfsinn
Hauptfehler:	Anmaßung

Charakter

Yama ist nach altem indischen Glauben der Urvater, der über die erste Menschheit herrschte, als diese noch im Paradies lebte und keinen Tod oder Verfall kannte. Daher vermehrte sich dort unter seinem glücklichen Regiment alles Lebende so stark, dass er dreimal die Erde erweitern musste. Doch dann zerstörten Devas, neidische Dämoninnen, den Garten Eden. Yama wurde plötzlich zum Herrscher über das Reich der Toten. Seither reitet er auf einem Büffel durch die Welt in Begleitung eines Hundes, bewaffnet mit Keule und Netz, stets bereit, einen Lebenden zu holen.

Yamas Zeichen ist von allen zweifellos das mystischste. Unter seinem Einfluss manifestiert sich im Menschen der Kampf zwischen Leben und Tod, die Entscheidung zwischen Licht und Dunkelheit, die Auseinandersetzung zwischen Bewusstsein und Unterbewusstsein. Yama ist nämlich auf dem Mars zu Hause. Doch hat der kriegerische Planet den Menschen dieses Zeichens seine negative, also passive Seite zugewandt. Zudem ist Yamas Element das Wasser.

Damit formt sein Einfluss introvertierte, ruhige Naturen mit einem scharfen, durchdringenden Verstand und mit einer enormen Vorstellungskraft und Aufnahmefähigkeit. Außerdem besitzen sie eine starke Sensitivität und haben ein überragendes psychologisches Talent. Menschen keines anderen Zeichens sind in der Lage, auf diesem komplexen Gebiet der Innenschau, also bei der Erforschung von Gedanken- und Gefühlswelten, ein so hohes Level zu erreichen wie Yamas Unterstellte, deren aktiver Geist immer auf der Suche nach den Geheimnissen des Lebens und des Todes ist. Dabei sind sie im Allgemeinen für alle Wege aufgeschlossen, experimentieren viel und zeigen oft auch großes Interesse an esoterischen Lehren. Manche testen auch okkulte Riten.

Obwohl Yama-Geborene gern in andere hineinschauen, sind sie äußerst vorsichtig, was ihre eigene Person betrifft, und schrecken davor zurück, ihre eigenen Gedanken und Gefühle zu enthüllen. Es sind verschlossene Typen, die ihren Mitmenschen lieber ein Rätsel bleiben, als ihnen irgendeine Blöße zu bieten. Denn sie wissen nur zu gut, welche Macht man über die, deren Psyche man kennt, gewinnen kann.

Der Umgang mit Yama-Geborenen ist also nicht gerade einfach. Ihr soziales Empfinden ist aus der Urerfahrung Yamas – wenngleich dies selten offen zu Tage tritt – tief geprägt von der Idee des Kampfes. So hat Yama der Sage nach keine Partnerin, doch stellen die dämonischen Devas zweifellos seine weiblichen Gegenstücke dar. Die Menschen dieses Zeichens sehen in Liebe und Partnerschaft vor allem den Kampf der Geschlechter und erleben überhaupt das ganze Dasein als Kampf zwischen Gut und Böse.

Yamas Wasser fließt nämlich in festen Bahnen und prägt daher feste Vorstellungen von Moral und Sitte, als deren Urheber der indische Skorpion-Gott gilt. Diese Anschauungen, die das schier grenzenlose innere Bedürfnis der Menschen seines Zeichens nach äußerer Ordnung und Stabilität spiegeln, haben vor allem einen Zweck: die verborgenen Leidenschaften und das ureigene Interesse an den Abgründen der menschlichen Seele in den Griff zu bekommen. Reitet Yama den Büffel als Symbol der Triebhaftigkeit, beherrscht er diese.

Ihr grandioses psychologisches Wissen, ihr strategisches Denken, ihr großartiges Organisationstalent und ihre erhebliche Durchsetzungskraft bescheren den Yama-Geborenen im Leben oft bedeutende Erfolge, viel Lob und Anerkennung, zuweilen sogar einige Popularität. Von ihrer Familie sowie von Freunden und Kollegen erwarten sie jedoch die Ergebenheit jenes Hundes, der Yama begleitet. Sie können sehr anmaßend werden, und nur schwer ertragen sie Kritik. Weniger hoch entwickelte Menschen dieses Zeichens können dann zu gefährlichen Intriganten werden und physisch wie psychisch gewalttätig sein.

Dass sich Yama als großer Gott der Zeit und des Todes im transzendenten Sinne überwinden lässt, zeigte einst Shiva, der mächtige Zerstörer und Erneuerer in der indischen Mythologie. Markandeya, der Sohn eines Weisen, sollte nämlich nach einer Prophezeihung schon mit 16 Jahren sterben. Yama wollte den Jungen gerade holen, als dieser just vor einem Lingam betete. Verärgert entstieg Shiva diesem ihm geweihten Monument und schlug Yama heftig vor die Brust. Durch Shivas Gunst wurde der Junge nun nicht mehr älter und war damit unsterblich.

Wenn die Menschen unter Yamas Zeichen ihre Energien und ihre psychologische Ader benutzen, um ihren Gefühlen und ihrem Geist freien Lauf zu lassen, können sie auf visionärem Weg ihre Wahrheit erreichen.

Geburtsthema

In den Yama-Geborenen liegt ein tiefer und geradezu schicksalhafter Widerspruch, der ihnen einige Höhen und Tiefen im Leben und damit im Allgemeinen auch eine Reihe von Wechseln bringt. Nach außen hin streben sie danach, ihr Leben erfolgreich und sicher zu gestalten, und sie setzen sich dementsprechend feste Ziele. Mit einem starken Willen ausgestattet, sehen sie sich oft auch schon seit ihrer Jugend in der Lage, das Beste aus sich selbst und ihren jeweiligen Lebensumständen zu machen. Nie wird es ihnen daher ernsthaft schlecht ergehen, und so können sie im Allgemeinen glücklich und zufrieden sein und ihr Leben genießen.

Nach innen hin aber sind die Yama-Naturen rast- und ruhelos auf der Suche nach den großen Geheimnissen des Lebens und des Todes. Ihre karmische Aufgabe besteht zunächst vor allem darin, Stabilität in ihr Leben zu bringen. Gelingt ihnen dies, werden sie mit den Jahren höchst erfolgreich sein und die Chance erhalten, sich ganz ihrer inneren Suche nach mentalem Frieden zu widmen. Ihre karmische Aufgabe besteht ab dann darin, Klarheit und Kontrolle über ihre starken Emotionen zu gewinnen und ihren Geist dabei zu reinigen und frei zu machen. Versäumen sie ihre Chancen, bleiben sie ewige Wanderer.

Gesundheit im Zeichen Yamas

Meist haben Yama-Geborene eine robuste körperliche Konstitution und eine starke Muskulatur. Sie haben auch Spaß an Bewegung und sind im Allgemeinen fit, doch ist dabei auch das Verletzungsrisiko nicht zu übersehen. Muskelfaserrisse oder Bänderdehnungen sind unter diesem Zeichen keine Seltenheit.
Da Yama darüber hinaus die Geschlechtsorgane regiert, sind diese ebenfalls anfällig und können von schweren Infektionen betroffen werden, wenn die Menschen dieses Zeichens bei ihren sexuellen Aktivitäten unvorsichtig sind. Auch – oft ungewollte – Kinderlosigkeit ist bei Yama-Typen unverhältnismäßig häufig.
Dieses Zeichen steht ja mit dem Tod auf Du und Du. Tödlichen Krankheiten oder fehlgeschlagenen Operationen und dergleichen stehlen diese Kandidaten gern den Showdown und bevorzugen den Freitod.

Berufe im Zeichen Yamas

Ihr inneres Verlangen nach Recht und Ordnung führt die Menschen unter Yamas Einfluss oft zu Karrieren beim Militär, bei der Polizei oder bei ähnlichen Institutionen, sogar zuweilen beim Geheimdienst. Meistens sind sie auch gute Sportler, die es sogar zu echten Topathleten bringen können.
Darüber hinaus prägt Yama die weltbesten Psychologen. Auf der Suche nach dem Geheimnis des Lebens und des Todes gehen viele Menschen dieses Zeichens in medizinische Berufe. Auffallend viele Chirurgen sind Yama-Geborene. Man findet sie außerdem in den Bereichen Chemie und Pharmakologie.
Ihr Organisationstalent ist in Verwaltungen sehr gefragt. Betätigen sie sich künstlerisch, geschieht dies meistens auf dem Gebiet der Fotografie.

Das Liebesgeheimnis Yamas

Dem stillen Yama gehört der Abend. Die tägliche Arbeit hat er mit großem organisatorischem Geschick erledigt, und so hat er Zeit, sich mit existenziellen Dingen zu befassen. Woher er kam, wohin er gehen wird, und warum er eigentlich hier ist, fragt sein ruheloser Geist. Es gibt viel, was Yamas Seele schon weiß, aber sie fühlt, dass es noch mehr gibt, und so handeln die Menschen dieses Zeichens mit großer Willenskraft nach dem Prinzip: *Ich verlange*.
Yama-Geborene verspüren den starken inneren Drang, zum Unterbewussten vorzudringen, zu ihrem eigenen wie auch zu dem ihrer Mitmenschen. Dabei gehen sie stets vorsichtig, mit Scharfblick und kühler Vernunft vor, denn sie wissen instinktiv, dass sie auf ihrem Weg Acht geben müssen, ihr Selbst nicht zu verlieren. Auf diese Weise erforschen sie intensiv die

Sexualität. Dazu hat ihnen Yama eine große Anziehungskraft verliehen. Sie lieben Flirts, doch versuchen sie in aller Regel, ihre diversen Affären zu vertuschen. Der Liebe trauen sie nur, nachdem sich erwiesen hat, dass sie das Vertrauen auch wert ist. Haben sie sich einmal jemandem verschrieben, nehmen sie ihn mit Haut und Haaren in Besitz und verlangen standhafte Liebe und Treue. Sie werden ihn dafür beschützen und ihm im Grunde auch ewig zugetan sein.

Für die Menschen dieses Zeichens ist die Liebe wie eine verzehrende Flamme, die ihnen jedes Opfer wert ist und deren Herausforderung sie ohne zu fragen annehmen. Sexuell sind sie ungehemmt, emotionell jedoch überempfindlich und mit ihrem Verstand üben sie eine nicht zu unterschätzende Macht aus, die danach strebt, die körperlichen und geistigen Aspekte der Liebe in einer Mischung von Erotik und Reinheit zu vereinen.

Machen Yama-Geborene in Liebesbeziehungen negative Erfahrungen, legen sie eine überraschende Selbstdisziplin an den Tag, reagieren aber unbarmherzig, sinnen auf Rache und können sogar sadistisch werden. Sie entwickeln dazu einen nachhaltigen Argwohn, versuchen ihre Leidenschaften und ihr Verlangen oberflächlich zu befriedigen und hassen sich dann selbst dafür. Das Ende der Liebe ist in diesem Zeichen wie der Moment des Todes.

Die Grunderfahrung der Yama-Geborenen in der Liebe ist, dass Liebe Leidenschaft ist und zugleich Verzicht bedeutet.

Erlösung

Yama-Geborene sind im Grunde gläubige Menschen, die eine natürliche Weisheit besitzen. Es ist ihnen eigen, im Unglück nicht zu traurig und im Glück nicht zu euphorisch zu sein, und eine gewisse innere Wunschlosigkeit zählt wohl zu ihren größten mentalen Qualitäten.

Zweifellos interessieren sie sich im Allgemeinen ernsthaft für Religion, für Philosophie und für Psychologie, worüber sie gern diskutieren. Speziell auf psychologischem Gebiet haben sie oft sehr viel Talent. Im Bereich der Esoterik liegt ihnen besonders das Tantra. Die meisten werden im Laufe ihres Lebens viel okkultes Wissen erwerben auf ihrer karmischen Suche nach den großen Geheimnissen des Lebens und des Todes. Dabei wollen sie das Übernatürliche und Mysteriöse, die unbekannten Kräfte im Universum, erforschen. Sie bringen tatsächlich das Potenzial mit, die metaphysische Bedeutung der Dinge zu erfassen, und können die Kraft erlangen, die Vergangenheit, Gegenwart und Zukunft zu durchschauen. Voraussetzung dafür ist, dass sie sich intensiv ihrer inneren Suche nach mentalem Frieden widmen. Durch Meditation können sie ihrem Ziel näher kommen. Diese liegt den Yama-Naturen auch, da sie im Grunde auch die Einsamkeit lieben.

Gelingt es ihnen schließlich, all ihre inneren Energien zu mobilisieren und auch ihre psychologische Ader zu nutzen, um sich Klarheit und Kontrolle über ihre starken Emotionen zu verschaffen und ihren Geist dabei zu reinigen und frei zu machen für eine echte Spiritualität, können sie auf visionärem Weg ihre Wahrheit erlangen.

Der Mythos Yamas: Die schöne Mohini

Als Dhanvantari, der alte Medizinmann der Götter, mit jenem Krug, der den Unsterblichkeitstrank Amrita enthielt, einst aus dem kosmischen Milchmeer – gemeint ist die Milchstraße – auftauchte, griffen die Asuras, jene Dämonen, die den Göttern bei der Suche nach dem Nektar geholfen hatten, blitzschnell zu.

Vishnu, der große Erhalter, reagierte prompt, um die Welt vor einem Schaden zu bewahren, und nahm rasch die Gestalt der unwiderstehlichen Mohini an. Sie verdrehte den Asuras so die Köpfe, dass sie ihr die Verteilung des Nektars überließen. Also versorgte Mohini schnell die Götter mit Amrita und verschwand mit dem Rest, bevor die Dämonen mit den verdrehten Köpfen die Situation überhaupt begriffen. Nur einer hatte gerade noch einen Tropfen abbekommen.

Ihm schlug Vishnu, der seine göttliche Gestalt schon wieder angenommen hatte, mit seiner Wurfscheibe schnell den Kopf ab, allerdings mit der fatalen Folge, dass es nun zwei unsterbliche Dämonen gab. Als Rahu, dem Kopf ohne Körper, und Ketu, dem Schlangenleib ohne Kopf, wurden die beiden von Brahma, dem göttlichen Kreativen, nun als Geisterplaneten, nämlich Rahu als oberer und Ketu als unterer Mondknoten ans Firmament gesetzt. (Mit Mondknoten bezeichnet man die Schnittpunkte der Umlaufbahn des Mondes um die Erde mit der Umlaufbahn der Erde um die Sonne.)

Nicht geplant war bei dem ganzen Unternehmen, dass sich Shiva unsterblich in die verführerische Mohini verliebte. Aus ihrer Verbindung ging der Gott Shasta hervor, und als Shiva Mohini auch noch im Moment der Rückverwandlung umarmte, entstand die seltsame Gottheit Harihara – halb Vishnu, halb Shiva.

9. Der temperamentvolle Indra –
Das göttliche Prinzip im Schützen

Denken ist interessanter als wissen,
aber nicht als anschauen.

Der Schütze im alten Indien

Indischer Name:	Dhanus
Indischer Gott:	Indra
Bedeutung:	Eroberer
Planet:	Jupiter (ind.: Bhraspati)
Energie:	positiv, aktiv, männlich
Element:	Feuer
Typus:	Vermittler (bewegliches Zeichen)
Kennzeichen:	Geist, Inspiration
Tageszeit:	22:00 – 24:00 Uhr
Handlungsprinzip:	Ich sehe.
Physis:	Kreislauf, Stoffwechsel
Stimme:	pathetisch
Reittiere:	Pferd und Elefant
Farben:	Orange, Purpur
Pflanze:	Gladiole
Glücksstein:	Amethyst
Metall:	Zinn
Glückszahl:	3 und 4
Glückstag:	Donnerstag
Ideale Partner:	Agni (Widder), Brahma (Löwe)
Haupttugend:	Ehrlichkeit
Hauptfehler:	Untreue

Charakter

Als wehrhafter Götterkönig der indischen Vorzeit stellte Indra einst das Idol des gewaltigen Eroberers dar, der auf seinem Pferd immer weiter vordrang. Als er eines Tages den schwarzen Drachen Dasyus tötete und damit die großen Ströme Indiens, die der Drache in den Bergen des Himalaya zurückgehalten hatte, befreite, wurde Indra zum Herrn der Fluten und zum Gott des Gewittersturms, der Macht über Blitz und Donner hat. Seither besiegt er in Indien jedes Jahr aufs Neue den Dämon der Dürre und leitet den fruchtbringenden Monsun ein. Indra wurde also sesshaft.

Indras Element ist das Feuer, sein Zeichen ist beweglich. Es formt temperamentvolle, aktive Menschen mit einem starken Willen, einem vorausschauenden Geist, der seine Ideen auch gut vermitteln kann, und mit einem mitreißenden Enthusiasmus. Oft handelt es sich bei den Indra-Geborenen um athletische Typen von schönem, kraftvollem Äußeren. Sie sind meist gern auf den Beinen, bewegen sich am liebsten draußen und genießen die wilde Natur. Sie sehnen sich wohl danach, die ganze Welt zu sehen und zu erobern, doch bleibt dies meist ein Wunsch, der dann Traum wird und zuletzt Illusion. Indra blieb schließlich auch in Indien.

Er ist auf dem Jupiter, dem großen Planeten des Glücks, beheimatet. Außerdem erhielt Indra einst den Wunschbaum des Paradieses. So fallen den Menschen dieses Zeichens viele Dinge einfach in den Schoß. Sie gewinnen im Lotto, treten ein reiches Erbe an oder machen eine gute Partie. Manchmal werden ihre romantischen Gefühle von cleveren Überlegungen begleitet.

Doch sind die Indra-Geborenen insgesamt mit Abstand die idealistischsten Menschentypen von allen. Da ihnen Jupiter seine positive, also dynamische Seite zugewandt hat, kämpfen sie stets für Recht und Ordnung. Auch Indra stellte sich der Gewalt des Bösen konsequent entgegen und trat entschlossen gegen die dämonischen Asuras an. Dementsprechend besitzen die Menschen dieses Zeichens eine Menge Zivilcourage und viel Hilfsbereitschaft. Sie haben eine soziale Einstellung, sind großzügig, arbeiten am liebsten im Team, achten auf Fair Play und finden daher leicht Freunde. Überhaupt reagiert die Umwelt stets sehr wohlwollend auf diese warmherzigen und freundlichen Wesen. Sie sind in der Gesellschaft meist sehr erfolgreich und machen häufig von sich reden.

Niemals aber würden sie deren Konventionen sprengen oder deren Herrschaftsformen beziehungsweise Machtstrukturen ernsthaft in Frage stellen. Sie haben strenge Prinzipien, die in einer tiefen moralischen, religiösen, oder sogar philosophischen Überzeugung wurzeln und nur die besten Absichten erkennen lassen, doch laufen sie damit stets Gefahr, als obrigkeitsgläubige Konformisten mit einer infamen Doppelmoral zu enden, denn ihre Ideen sind meist schlecht mit der Wirklichkeit vereinbar.

Im einfachsten Falle handelt es sich bei den weniger hoch entwickelten Menschen dieses Zeichens um selbstgerechte und dogmatische Moralisten, die im schlimmsten Falle mit ihrer Kritiksucht andere diskriminieren, ohne ihre eigenen Grenzen zu erkennen.

Von ihrem privaten Umfeld haben sie oft eine konkrete Vorstellung: In einem prachtvollen Hof lebend, lässt es sich Indra nämlich, von schönen Feen, Tänzerinnen und Musikanten umgeben, gut gehen. Die Menschen seines Zeichens lieben die Bequemlichkeit, ebenso wie die Abwechslung. Ihre persönliche Freiheit ist ihnen heilig. Indra wählte nie eine Partnerin. Auch seine Unterstellten tun sich damit schwer, denn haben sie einen guten Gefährten gefunden, hoffen sie dennoch oft, doch noch einen besseren zu finden.

So leicht Indra-Geborene das Leben auch nehmen und so erfolgreich sie in der Welt auch sein mögen, es fällt ihnen auf der anderen Seite sehr schwer, ihre Wahrheit zu finden. Wenn es ihnen gelingt, ihre moralischen, religiösen und philosophischen Überzeugungen zu transformieren und eine freie Spiritualität zu erlangen, können sie die Erlösung erreichen. Auch Indra erhielt seinen weißen Elefanten Airavata als Inbegriff der Weisheit erst zu später Zeit.

Geburtsthema

Seit ihrer Jugend streben Indra-Geborene nach Freiheit und Gerechtigkeit und begeben sich dabei auf die persönliche Suche nach einer verlässlichen Wahrheit und nach seelischer Reinheit. Nun sehen sie geradezu eine Mission darin, die Welt diesen Idealen entsprechend ein wenig besser zu gestalten, denn sie wünschen sich innig eine physische, mentale und spirituelle Weiterentwicklung nicht nur allein für sich, sondern für alle Menschen. Diesen Traum wollen sie realisieren und das Leben vor allem von seinen guten und positiven Seiten sehen und nehmen. Natürlich wünschen sie sich zunächst für sich selbst ein glückliches und komfortables, zuweilen sogar luxuriöses Dasein. Somit setzen sie sich feste Ziele im Leben und gehen diese mit großer Kraft an. Dennoch werden die meisten viele Wechsel im Leben durchmachen und auch einige Enttäuschungen verkraften müssen. Nie aber verlieren Indra-Geborene ihre Hoffnung, und ihr großes Selbstvertrauen hilft ihnen, stets fest an die Zukunft zu glauben, die ihnen im Allgemeinen tatsächlich Glück und Wohlstand verspricht.
Nun sollten Indra-Geborene ihre persönliche Suche nach tiefer Wahrheit und nach seelischer Reinheit nie vernachlässigen

und es außerdem nicht versäumen, nach mentalem Frieden zu suchen – darin besteht eine ihrer wichtigsten karmischen Aufgaben –, sonst bleiben sie ewige Wanderer, die es trotz viel Glück und großer Erfolge im Leben schwer haben, den Weg zu ihrer Erfüllung und Erlösung zu finden.

Gesundheit im Zeichen Indras

Indras Geschöpfe erfreuen sich im Allgemeinen einer stabilen, robusten Gesundheit, vor allem in jungen Jahren.
Irritationen von Kreislauf und Stoffwechsel – diese nämlich regiert Indra –, kurzum alles, was das Wohlleben an Zivilisationskrankheiten verursachen kann, bringen unter seinem Zeichen die Menschen aber früher oder später ins Grab.

Berufe im Zeichen Indras

In dem naturverbundenen Zeichen Indras finden sich Landwirte, Gärtner, Förster, Fischer und überhaupt Menschen, die mit und in der Natur arbeiten, also zum Beispiel auch Zoologen, Botaniker, Umweltschützer etc.
Der ausgeprägte Sinn für Recht, Sitte und Ordnung prägt hier Anwälte oder Richter, vor allem aber Seelsorger, Pfarrer, Missionare oder andere Vertreter des Glaubens. Indra-Geborene schätzen es besonders, wenn man sie konsultiert, um ihren Rat fragt und sie um Hilfe bittet. So schlagen auch manche eine Laufbahn als Arzt oder Veterinär ein. Im Übrigen formt dieses Zeichen begnadete Schauspieler, vor allem Komiker.

Das Liebesgeheimnis Indras

Indras Stunde schlägt am späten Abend. Jetzt ist alles möglich, lustige Spiele oder ernsthafte Gespräche, doch meist geht es unter Indras Regie ausgelassen zu. Die Menschen seines Zeichens sind heitere und optimistische Naturen, die aus der Situation heraus handeln, nach dem Prinzip: *Ich sehe.*

Im Allgemeinen sind sie immer bereit, sich und andere zu unterhalten und geben ganz hervorragende Schauspieler ab. Neugierig, wie sie sind, versuchen sie dabei, das menschliche Verhalten zu ergründen. Indra hat ihnen dazu einen skeptischen, logisch arbeitenden Verstand mit auf den Weg gegeben. Doch bald sehnen sie sich danach, die sie stark beanspruchende Schule des Lebens zu schwänzen. Nur widerwillig unterwerfen sie sich der Notwendigkeit zu arbeiten, ihre Pflichten zu erfüllen und Verantwortung zu übernehmen. Voller Ungeduld begegnen sie diesen Dingen, die sie als Hindernisse bei der Verwirklichung ihrer Träume betrachten, sehnt sich doch ihr ruheloser Geist danach zu reisen, sich unter fremden Sonnen zu wärmen, andere Menschen und Länder zu sehen und neue Ideen kennen zu lernen.

Doch ihre sorglose Lebensart bedingt, dass Indra-Typen oft jeden Gedanken an die Zukunft sträflich vernachlässigen und leichtsinnig ihre Zeit vergeuden. Erst fünf vor zwölf fallen ihnen ihre eigentlichen Ziele wieder ein. Dann fordern sie kühn und enthusiastisch das Schicksal heraus und wollen beweisen, dass sie stärker sind als die Natur.

Ihrem Idealismus entsprechend suchen die Menschen dieses Zeichens offen, aufrichtig und voller Vertrauen nach der wahren Liebe. Sie wollen einen Partner für alle Zeiten finden. Doch ihre Unbeständigkeit und ihr Mangel an Realismus macht es ihnen schwer, diesen Wunsch umzusetzen. Ihre Beziehungen stürzen sie nicht selten in emotionale Verstrickun-

gen. Verlieren sie die Geduld, reagieren sie heftig und nehmen keine Rücksicht auf andere. Taktgefühl ist ohnehin nicht ihre Stärke. Suchen sie nach der Liebe nicht auch in ihrem eigenen Herzen, endet ihr philosophischer Geist in Sarkasmus und Zynismus.
Die Grunderfahrung der Indra-Geborenen in der Liebe ist, dass Liebe Ehrlichkeit bedeutet und Treue erfordert.

Erlösung

Mit ihrem Streben nach Frieden und Gerechtigkeit in der Welt und mit ihrer idealen Suche nach einer verlässlichen Wahrheit und nach persönlicher seelischer Reinheit gelingt es vielen Indra-Geborenen, im Laufe ihres Lebens ein bedeutendes kulturelles Wachstum zu realisieren und zu großer Weisheit zu gelangen. Im Allgemeinen sind sie auf sozialer Ebene geneigt, Benachteiligten und Menschen in Not aufopferungsvoll zu helfen, während sie ihrem eigenen, meist günstigen Schicksal dankbar sind. Viele werden ihr Leben im Rückblick zuletzt gar als vorherbestimmt empfinden. Im Grunde sind Indra-Naturen gläubige Menschen, die, oft auch aus ihrer Erziehung heraus, ein starkes Gottvertrauen besitzen.
Zweifellos interessieren sich Indra-Typen ernsthaft für Religion, für Philosophie und für Esoterik. Sie wollen das Unbekannte und Übernatürliche erforschen. Sie bringen nämlich das Potenzial und die mediale Begabung mit, ihre große imaginative und intuitive Kraft so weit zu entwickeln, dass sie prophetische Gaben erlangen.
Dennoch, nur wenn sie nun ihre persönliche Suche nach mentalem Frieden nicht vernachlässigen und ihre Studien immer mehr vervollkommnen, werden sich ihre Ideale von Frieden und Gerechtigkeit, Wahrheit und Reinheit nicht als

reine Illusionen entpuppen, ihre Hoffnungen und Wünsche sich erfüllen. Man kann ihnen raten, sich zuweilen in die Einsamkeit, in sich selbst zurückzuziehen und zu meditieren, damit sie ihren letzten Lebensabschnitt glücklich genießen können. Wenn es ihnen auf diese Art und Weise gelingt, zu einer freien Spiritualität zu gelangen, können sie, wenngleich wohl zu später Zeit, den Weg zu ihrer Erlösung finden.

Der Mythos Indras: Rama mit Pfeil und Bogen

Durch strenge Askese und Meditation hatte Ravana, der mächtige König von Lanka, Brahma einst dazu gebracht, ihm zu garantieren, dass kein Gott und kein Dämon ihn jemals verletzen könne. Nun begann der bösartige Ravana, Götter und Menschen zu tyrannisieren. So inkarnierte Vishnu, der große Erhalter der Welt, als Rama, Sohn des Köngis von Ayodhya.
Eintracht und Zufriedenheit herrschten an diesem Hofe, bis ein heftiger Streit um die Thronfolge entbrannte und Rama dabei das Opfer von Intrigen wurde. Als Folge davon wurde er schließlich für 14 Jahre aus Ayodhya verbannt, obwohl er beim Volk sehr beliebt war.
In Begleitung seiner begehrenswerten Gattin Sita und seines Bruders Lakshmana zog also der tugendhafte Rama ins Exil und bestand auf seinem abenteuerlichen Weg durch Indien zahlreiche Abenteuer. Da entführte Ravana eines Tages Sita. Sie widersetzte sich beharrlich seinen Annäherungsversuchen, sodass der König sie in den Kerker warf. Erst mit Hilfe des Affenkönigs Sugriva und seinem General Hanuman gelang es Rama schließlich, Sita ausfindig zu machen. In einem erbitterten Kampf besiegte Rama Ravana schließlich mit Pfeil und Bogen. Vishnu erledigte den Dämon also durch Menschenhand.

So stieg Rama, der Hindus als Ideal des gehorsamen Sohnes, des treuen Freundes, des fürsorglichen Gatten und des tugendhaften Mannes gilt, zum größten Helden Indiens auf.

Sita hatte nach ihrer Befreiung durch Rama allerdings große Mühe, ihre Keuschheit zu beweisen und den strengen Moralvorstellungen ihres Gatten zu genügen. Zwar bestand sie ein Gottesurteil, doch nach Ayodhya heimgekehrt, wo Rama nun zum König geweiht wurde, kamen bei seinen Untertanen neue Zweifel an Sitas Reinheit auf. Um die Sitte in seinem Reich tief besorgt, brachte Rama die schwangere Sita in die Einsiedelei des Weisen Valmiki, der ihre dramatische Geschichte anhörte und daraufhin das berühmte Ramayana schrieb. Hier brachte Sita nun die Zwillingssöhne Kusha und Lava zur Welt.

Als diese viele Jahre später an den Hof ihres Vaters kamen und ihm das Ramayana vortrugen, wurde auch Sita noch einmal herbeigeholt. Als sie Rama wieder ihre Treue beteuern musste, rief sie die Erdgötin Prithivi als Zeugin an. Daraufhin tat sich die Erde auf und die Göttin nahm Sita mit sich in die Tiefe. Rama war untröstlich, aber er betete vergebens, ihm seine geliebte Sita zurückzugeben.

10. Der geniale Shiva –
Das göttliche Prinzip im Steinbock

Wege entstehen, indem man sie geht.

Der Steinbock im alten Indien

Indischer Name:	Makara
Indischer Gott:	Shiva
Bedeutung:	Zerstörung und Neubeginn
Planet:	Saturn (ind.: Sani)
nergie:	negativ, passiv, weiblich
Element:	Erde
Typus:	Führer (kardinales Zeichen)
Kennzeichen:	Physis, Sachlichkeit
Tageszeit:	00:00 – 2:00 Uhr, Mitternacht
Handlungsprinzip:	Ich nutze.
Physis:	Gelenke, Oberschenkel
Stimme:	neutral
Reittier:	Stier
Farben:	Schwarz, Ultramarin
Pflanze:	Efeu
Glücksstein:	Obsidian
Metall:	Blei
Glückszahlen:	3 und 8
Glückstag:	Samstag
Ideale Partner:	Nandi (Stier), Ganesha (Jungfrau)
Haupttugend:	Weisheit
Hauptfehler:	Egozentrik

Charakter

Um Ursprung und Ausdehnung einer Feuersäule, die plötzlich im Universum erschien, zu erkunden, erhob sich einst der Schöpfer Brahma auf seinem Schwan in die Höhe, während Vishnu, der Erhalter der Welt, sich als Eber in die Tiefe begab. Sie konnten aber weder Anfang noch Ende des Feuers erreichen. Da verschwand die Feuersäule, und Shiva offenbarte sich den Göttern. Sie waren sehr beeindruckt und nahmen ihn in ihren Kreis auf. Brahma weigerte sich aber, den Neuen gleich auch als den Höchsten anzuerkennen. Da wurde Shiva wütend und machte Brahma prompt um einen seiner fünf Köpfe kürzer.

Zur Sühne zog Shiva nun als Asket, einzig mit einem Lendenschurz bekleidet und mit dem Schädeldach Brahmas als Bettelschale, umher. Um zu erfahren, wie er endlich seine Schuld tilgen könne, suchte er eines Tages Vishnu auf. Er sandte Shiva schließlich zum Ganges, in dem dieser sich an der Stelle, an der heute die heilige Stadt Varanasi liegt, von seinen Sünden reinwusch. So wird Shiva nun meist als vorbildlicher Asket verehrt, den Niedriggeborenen und Unberührbaren in Indien zum Trost, denn Asketen und Yogis fragt man nicht nach ihrer Kaste.

Shivas Heimat ist der Saturn, der Planet der Arbeit. Die Menschen dieses Zeichens stolpern meist ins Leben und haben dann auf ihrem Weg eine Reihe von Hindernissen zu überwinden. Oft müssen sie hart arbeiten, doch lernen sie so, Situationen und Sachverhalte genau einzuschätzen. Sie zeichnen sich auch durch eine enorme Beharrlichkeit aus. Da Saturn den Menschen dieses Zeichens seine negative, also passive Seite zugewandt hat, handeln diese nachdenklichen Naturen stets strategisch und gehen mit Ressourcen vorsichtig und ökonomisch um. Auf diese Weise entwickeln sie im

Leben langsam die Energien und die Fähigkeiten, die ihnen langfristig meist zu einem überragenden Erfolg verhelfen. So prägt das Zeichen des indischen Steinbock-Gottes ernsthafte, bescheidene und hilfsbereite Menschen, die sehr viel Takt besitzen.

Shivas Element ist die Erde, sein Weg hier ist kardinal, das heißt eigenständig und vorbildlich. Diese Kombination gibt den Menschen seines Zeichens eine große Intelligenz und einen siebten Sinn für höhere Ordnungen, der sich zum Beispiel in einer starken mathematischen Begabung zeigt. Dazu besitzen sie meist viel Organisationstalent und die Fähigkeit zur praktischen Umsetzung ihrer Ideen. Leuten dieses Schlages hat die Welt die technologischen Triumphe zu verdanken. Sie sind die genialen Ingenieure, die seit ehedem die Erde in Bewegung setzen.

Shiva repräsentiert im Hinduismus die erschreckende Seite göttlicher Überlegenheit, die destruktive Kraft. Zweifellos aber erwächst daraus der Keim eines notwendigen Neuanfangs. Symbol der Zeugungskraft Shivas ist der *Lingam,* der Phallus, der in kaum einem indischen Tempel fehlt. Er verweist auf das Privatleben der Menschen seines Zeichens, denen man wegen ihrer äußeren Reserviertheit und Neutralität häufig Gefühlskälte unterstellt. Dabei sind es im Grunde sehr warmherzige Naturen. Seine Gattin Parvati liebevoll umarmend, umringt von ihren beiden Kindern, dem freundlichen Ganesha und dem mutigen Kartikeya, der überall als Kriegsgott und Vernichter des Bösen geschätzt wird, zeigt sich Shiva glücklich und zufrieden.

Berühmt wurde das Paar mit einem Wettstreit, bei dem beide gleichermaßen perfekt tanzten, bis Shiva sein Bein an den Kopf hochschwang. Dies konnte Parvati nicht nachahmen, weil sich diese Figur für eine Frau nicht schickte. So musste sie sich geschlagen geben. Shiva aber wurde als orgiastischer

Tänzer berühmt. So können die Menschen seines Zeichens sehr wohl aus sich herausgehen, nur die triebhafte Sinnlichkeit, verkörpert im Stier, den Shiva reitet, haben sie überwunden.
Shiva kennt die Gesetze des Universums. Sein Wissen gibt ihm die letzte Weisheit. Die Menschen seines Zeichens sind alte Seelen, die sich in vielen Leben die Erlösung wahrhaftig verdient haben. Wenn sie es schaffen, sich und ihr Leben nicht zu ernst zu nehmen, in der praktischen Arbeit ihre Spiritualität entdecken und ihren Sinn für höhere Ordnungen transzendieren, ist dort ihre Wahrheit.

Geburtsthema

Seit ihrer Jugend sind Shiva-Geborene innerlich auf der Suche nach Wahrheit und wollen vor allem auf intellektuellem, später meist auch auf spirituellem Gebiet verborgenes Wissen entdecken. Zugleich verfolgen die meisten nach außen hin hoch gesteckte Ziele, streben nach materiellem Wohlstand, Autorität und Reputation. Zweifellos verstehen sie es ausgezeichnet, ihre Talente für ihr Vorankommen zu nutzen und erweisen sich als sehr anpassungsfähig an äußere Umstände. Werden jedoch ihre Erwartungen im Hinblick auf geistige Erkenntnisse enttäuscht, reagieren sie mit tiefer seelischer Unzufriedenheit oder sogar mit Verzweiflung.
Aus ihren beiden verschiedenen Zielsetzungen erklärt sich auch ihre Ambivalenz: Mal denken sie durch und durch philosophisch, dann absolut praktisch, mal sind sie hoffnungslos optimistisch, dann frönen sie einem abgrundtiefen Pessimismus, mal halten sie für den Fortschritt, dann kleben sie an orthodoxen Vorstellungen. Zum Glück handeln sie schlussendlich aus einer inneren Gewissheit heraus meist

richtig. Das heißt, sie führen im Allgemeinen ein sehr abwechslungsreiches Leben, das vor allem durch eigene Anstrengungen von Erfolg gekrönt wird.
Je besser es ihnen auf ihrer Wanderschaft gelingt, ihre große natürliche Toleranz mit einer philantropischen Haltung zu verbinden und ihre Suche nach Wahrheit und Wissen auf eine geistig-spirituelle Ebene zu bringen, desto mehr werden sich Glück und innere Zufriedenheit im Leben der Shiva-Geborenen einstellen, Hoffnungen und Wünsche sich erfüllen, wenngleich manchmal mit ein wenig Verspätung. Aber es wird den meisten genügend Zeit bleiben, alle ihre Ziele zu verwirklichen. Ab der zweiten Hälfte wird ihr Leben nämlich zunehmend reicher, und viele dürfen sich auf ein glückliches hohes Alter freuen.

Gesundheit im Zeichen Shivas

Wenn sie die diversen Kinderkrankheiten überwunden haben, erfreuen sich die Shiva-Geborenen im Allgemeinen einer guten Gesundheit.
Unfälle und Krankheiten bedrohen unter diesem Zeichen vor allem die Oberschenkel und die Gelenke, die vom indischen Steinbock-Gott beherrscht werden. Vor Brüchen, aber auch vor rheumatischen und ähnlichen Erkrankungen sollten die Menschen unter seinem Einfluss also auf der Hut sein.
Als Folge von Überarbeitung zum Beispiel treten nicht selten auch Depressionen auf. Die asketische Natur der Shiva-Geborenen kann dann sogar zu Erscheinungen wie Auszehrung oder Magersucht führen.

Berufe im Zeichen Shivas

Das Zeichen Shivas prägt Menschen mit herausragenden mathematischen und technischen Fähigkeiten, die zum Beispiel als Ingenieure, Architekten, Metallographen tätig werden oder in Berufen, die sich mit dem Auffinden und Nutzbarmachen von Bodenschätzen beschäftigen. Man findet sie auf Bohrinseln und im Bergbau. Viele von ihnen, die als einfache Arbeiter anfingen, haben hier später eine beachtliche Karriere gemacht und sich in führende Positionen hochgearbeitet.
Shivas Zeichen fördert aber grundsätzlich alles Tun, das in zukunftweisenden Konstruktionen und in bahnbrechenden Technologien – sei es in der Raumfahrt, in der Kommunikation, im Transportwesen oder in der Datenverarbeitung – endet.
Aber auch Tänzer, Gaukler, Musikanten und Zauberer stehen unter Shivas Schutz, ebenso Asketen, Yogis, Einsiedler und auch Mönche und Nonnen.

Das Liebesgeheimnis Shivas

Shivas mächtige Seele steht in symbolischer Verbindung zur Mitternacht. Im Sinne seiner Herrschaft über Zerstörung und Erneuerung markiert dieser Zeitpunkt den Abschied von einem alten Tag und zugleich den Beginn eines neuen. Seinem eigenen Anspruch unter den Göttern entsprechend gab Shiva den Seinen die innere Sicherheit, mit Recht eine führende Rolle im Leben übernehmen zu dürfen, und verlieh ihnen alle dazu notwendigen Fähigkeiten wie Verantwortungsbewusstsein, Entschlossenheit, Umsicht und einen ausgeprägten Sinn für Prioritäten.

Doch Shiva-Typen drängen sich nie in den Vordergrund. Sie warten ruhig ab, bis sie aufgefordert werden, an die Spitze zu treten. Nun gehen sie mit ihren Energien ökonomisch um, erwarten aber keine besondere Anerkennung für Leistungen, die offensichtlich zu den Pflichten eines Führers zählen. Sie fordern allerdings Respekt, denn auch sie selbst achten Autorität, die sie als Garanten von Recht und Sicherheit ansehen. Dabei reagieren sie mitfühlend und nachsichtig auf menschliche Fehler. Oft mag ihr Verhalten konservativ sein – sie lieben die Tradition –, doch gehen Shiva-Geborene im Leben immer einen eigenen Weg. Sie handeln pragmatisch nach dem Prinzip: *Ich nutze* – wohl wissend, dass Idealismus nicht praktikabel ist und Enthusiasmus keine Erfahrungen ersetzen kann.

Die Liebe bedeutet ihnen einen zwanglosen Austausch zur Befriedigung gemeinsamer Wünsche und Bedürfnisse. Dabei wissen sie gern, wohin sie gehören. Aufregende Liebschaften sind für sie bei weitem nicht so reizvoll wie die Behaglichkeit und Zufriedenheit im vertrauten Kreis. Sie sind zuverlässige und beständige Partner. Aber sie haben auch eine leichtlebige Seite. Manchmal schütteln sie nämlich all ihre Verpflichtungen ab und schöpfen ohne Hemmungen alle Vergnügungen des Lebens aus. Ihrer leichten Reue und Melancholie danach begegnen sie dann mit einem feinen Humor, der die Ironie des Daseins spiegelt.

Erleiden sie privat wirklich Schiffbruch, reagieren sie engstirnig und selbstsüchtig und werden pessimistisch, streng und unbeugsam. Oft haben sie mit Depressionen zu kämpfen und müssen darauf achten, nicht in Einsamkeit zu versinken.

Die Grunderfahrung der Shiva-Geborenen in der Liebe ist, dass Liebe Weisheit ist, aber selbstlos sein muss.

Erlösung

Shiva-Geborene haben eine wertvolle, reine Seele, sind zu tiefen Gedanken fähig, mit einer natürlichen Weisheit begabt und von einer ehrlichen Religiosität erfüllt, die nicht an einer speziellen Konfession haftet, sondern dem Glauben an sich Respekt zollt.

Schon in recht jungen Jahren interessieren sie sich auf ihrer karmischen Suche nach Wahrheit und nach verborgenem Wissen für theologische Themen. Doch sie hängen innerlich nie von bestimmten Überzeugungen und Lehren ab, sondern gehen ihren eigenen Weg und machen im Laufe der Jahre ihre eigenen Erfahrungen.

Sicher lernen sie dabei viele Religionen kennen und kommen auch mit Schulen à la Baghwan oder mit Yoga und Meditation in Kontakt. Dazu beschäftigen sich viele Shiva-Geborene gern mit psychischen Erlebnissen wie Träumen und Visionen. Manche werden auch magische Praktiken ausprobieren, zum Beispiel einen Blick in die Glaskugel riskieren und Ähnliches mehr. Es kann ihnen durch intensives Engagement in der einen oder anderen Disziplin gelingen, zu einer gewissen Meisterschaft beziehungsweise Führung zu gelangen. Manche gründen dann eigene esoterische Schulen.

Sehr oft werden die hohen Erwartungen der Shiva-Geborenen im Hinblick auf geistige Erkenntnisse enttäuscht. Dies lässt sie unzufrieden und verzweifelt sein, doch ist es ihr Karma, immer wieder neue Vorstöße zu unternehmen. Denn es ist ihnen beschieden, allmählich zu lernen und zu wachsen, um schlussendlich zu einem überragenden spirituellen Erfolg – nämlich zu einem tiefen Verständnis des Menschen – zu gelangen und darin ihre Wahrheit zu finden. Ihr Weg ist sehr weit, aber das Schicksal wird den meisten genügend Zeit lassen, und sie werden ihm dafür am Ende dankbar sein.

Der Mythos Shivas: Buddha, der Erleuchtete

Indem der erleuchtete Buddha als Inkarnation Vishnus in das hinduistische Pantheon aufgenommen wurde, entledigten sich quasi die Brahmanen, die religiösen Führer Indiens, eines starken Konkurrenten, ohne seine Bedeutung zu verneinen. Der Mythos erzählt die historisch weitgehend belegte Biografie des großen Religionsstifters:

Als ein Prinz in Lumbini – an der Grenze zu Nepal – geboren, entlarvte Siddharta Gautama aus dem Geschlecht der Shakyas bald den Schein der äußeren Welt, die ihn mit allem Prunk doch nicht befriedigen konnte. Also kehrte er im Alter von etwa 30 Jahren an einem schönen Tag, an dem er kurz hintereinander einen alten Mann, einen Kranken und einen Leichnam gesehen hatte, seiner Familie – er war wohl schon verheiratet und hatte auch bereits einen Sohn – den Rücken, legte das gelbe Gewand der indischen Asketen an und ging nun in die berühmtesten Brahmanenschulen des Landes und in die Einsiedelei.

Gautama ließ sich zwar von nichts und niemandem in Versuchung führen, doch gelang es ihm sieben Jahre lang nicht, das ersehnte Glück zu finden, bis ihm in jener entscheidenden Nacht, als er endlich alles aufgeben wollte, in Bodh Gaya unter einem Baum die Erleuchtung kam. Er hatte sich von allen Verhaftungen an die Materie befreit und war daher zur tiefsten Erkenntnis gelangt. Daran wollte der nun *Erwachte* – das bedeutet der Name *Buddha* wörtlich – auch seine Mitmenschen teilhaben lassen. So verkündete Buddha von nun an eine neue Heilslehre und stellte den Menschen in Aussicht, auf diesem Weg einmal einen immer währenden Zustand inneren Glücks erreichen zu können. Buddha führte fortan das Leben eines Bettelmönchs und zog predigend durchs Land. Er scharte bald eine enorme Zahl von Anhängern um sich, darunter auch Brahmanen, Könige und sogar seine eigene Familie. Auf seinen Wanderungen sollen ihn manchmal bis zu 500 Schüler begleitet haben.

Als Buddha im Alter von wohl 80 Jahren seinen Tod herannahen fühlte, sprach er zu seinen Jüngern die letzten, legendären Worte: *Ringet ohne Unterlass!* Da aber hatte seine Lehre ihren unaufhaltsamen weltweiten Siegeszug bereits begonnen.

Buddhas Leichnam wurde verbrannt. Die Asche wurde an verschiedenen Orten unter gewölbten Grabhügeln beigesetzt. Daraus sind die so genannten *Stupas* entstanden, die heute meist mächtige Monumente sind. Sie wurden in späteren Zeiten auch über den Reliquien anderer buddhistischer Heiliger errichtet.

Buddhas Zeichen ist die Lotosblüte, die Ordnung und Schönheit der Schöpfung symbolisiert.

11. Der abenteuerlustige Garuda – Das göttliche Prinzip im Wassermann

Jede Situation ist eine Frage an den Menschen.

Der Wassermann im alten Indien

Indischer Name:	Kumbha
Indischer Gott:	Garuda
Bedeutung:	Wunder
Planet:	Saturn (ind.: Sani)
Energie:	positiv, aktiv, männlich
Element:	Luft
Typus:	Organisator (festes Zeichen)
Kennzeichen:	Intellekt, Ratio
Tageszeit:	2:00 – 4:00 Uhr
Handlungsprinzip:	Ich weiß.
Physis:	Unterschenkel
Stimme:	gewandt, pointiert
Reittier:	Adler
Farben:	Türkis, Grau
Pflanze:	Strelizie
Glücksstein:	Türkis
Metall:	Zink
Glückszahl:	2
Glückstag:	Samstag
Ideale Partner:	Vishnu (Zwilling), Lakshmi (Waage)
Haupttugend:	Menschlichkeit
Hauptfehler:	Zerstreutheit

Charakter

Der schöne Garuda, der Gott des Wunders, besitzt die Augen und die Schwingen eines Adlers, ist aber ansonsten von menschlicher Gestalt. Der indischen Mythologie zufolge kämpft er, oft gemeinsam mit Vishnu, dem mächtigen Erhalter der Welt, für die gute Sache. Berühmt wurde zum Beispiel eine Szene aus der Erzählung *Gajenda,* in der Garuda und Vishnu zusammen herbeischweben und einen Elefanten als Symbol der Weisheit retten, der gerade von einem Krokodil ins Wasser gezogen wird.

Garuda-Geborene zeichnen sich insbesondere durch ihre Hilfsbereitschaft, zuweilen sogar durch ihre Selbstlosigkeit und außerdem durch ihre Zuverlässigkeit und Kameradschaftlichkeit aus. Ihren Partnern, Freunden und Kollegen gegenüber verhalten sie sich grundsätzlich loyal. Die Menschen dieses Zeichens sind allgemein großzügige, warmherzige und ernsthafte Naturen.

Garudas Heimat ist der Saturn, der Planet der Arbeit, vor der sich die Menschen seines Zeichens niemals drücken. Da ihnen der Ringplanet seine positive, also aktive Seite zugewandt hat, handelt es sich um tatkräftige Naturen meist voller Kühnheit und auch Abenteuerlust. Gern übernehmen sie auch schwierige Aufgaben, die sie im Laufe ihres Lebens oft um die halbe Welt führen, zumal sie sehr die Abwechslung lieben – ähnlich wie Garuda, der mit großer Begeisterung die Weiten des Universums erkundet, um dabei viele gute Taten zu vollbringen. So ergreifen die Garuda-Geborenen häufig Partei für alle Unterdrückten, Zurückgewiesenen oder gar Ausgestoßenen der Gesellschaft und engagieren sich sozial. Ihre strikte humanitäre Einstellung, ihr Idealismus und ihre Hoffnung prädestinieren sie für jene Aufgaben, die dazu beitragen, das Leid auf der Welt zu verhindern oder zu mildern. Dabei können sie wirklich Wunder vollbringen, denn sie sind wie kein anderer Menschentyp in der Lage, scheinbar unlösbare Probleme zwischen gesellschaftlichen Gruppen zu bewältigen, indem sie die Unterschiede aufheben, die Grenzen durchbrechen, die Blockaden vernichten und die Knoten zerschlagen – kurzum alle Maßstäbe außer Kraft setzen. Mit der Kraft seiner Flügel kann Garuda eben die Drehung der Erde anhalten.

Sein Element ist die Luft. Sein Flug ist schnell wie das Licht. Mit seinen strahlenden Adleraugen kann er alles sehen. Den Menschen seines Zeichens verlieh Garuda große Intelligenz gepaart mit praktischer Vernunft und enormer Weitsicht. Dazu besitzen sie so viel Scharfblick, dass sie eine Situation oder eine Sachlage meist unmittelbar richtig erfassen und jedes Problem sofort auf den Punkt bringen.

Da Garudas Zeichen fest ist, sind die Menschen unter seinem Einfluss im Allgemeinen hervorragende Organisatoren, die der jeweiligen Lage entsprechend meist unglaublich schnell und verantwortungsvoll handeln. Dabei bleiben ihre Aktivitäten jedoch immer an die Gruppe gebunden, denn sie wissen, dass bedeutende Unternehmungen und Projekte, sei es nun ein neuer Vorstoß der Menschheit ins All oder der Schutz einer ethnischen Minderheit, nur von Gruppeninitiativen geleistet werden können. Für deren Erfolg bedarf es hier vieler Personen, die bereit sind, ihr Ego hinter den übergeordneten Zielen zurücktreten zu lassen.

In der Tat gelingt dies den Garuda-Geborenen recht gut, manchmal sogar zu gut, wenn sie sich mit Haut und Haar einer Sache verschrieben haben. Sie neigen dann manchmal dazu, sich selbst in Frage zu stellen, sich nur noch über die eigene Gruppe zu definieren, mehr an andere als an sich selbst zu glauben und, wenn etwas schief geht, auch noch sich allein die Schuld dafür zu geben, statt die Verantwortung aller Beteiligten zu sehen.

Dabei sind die Menschen unter Garudas Einfluss meist große Individualisten, manche sogar mit exzentrischer Tendenz oder mit ungewöhnlichen Vorlieben. Ihr heiliger Leitvogel ist ja ein Wesen, dem etwas Fantastisches anhaftet. Den Himmeln sei Dank, verlieren Garuda-Geborene nie ihren Humor und können immer auch über sich selbst lachen.
Sie sind damit den großen Geheimnissen der Schöpfung auf der Spur und werden ihre Wahrheit erspüren.

Geburtsthema

Seit sie denken können, sind die Garuda-Geborenen den großen Geheimnissen der Schöpfung auf der Spur und streben danach, eine letztgültige Wahrheit zu finden, die Antwort gibt auf die Fragen unseres Lebens: *Woher kommen wir? Wohin gehen wir? Warum?* Dabei sind sie durch und durch Idealisten, deren höchster Wert Humanität ist und deren größtes Talent ihre Fähigkeit zum Fortschritt und hier insbesondere zu mentalem Wachstum ist.
Garuda-Naturen haben feste Ziele und hoch gesteckte Erwartungen, nicht nur an andere, sondern vor allem an sich selbst. Sie fühlen eine große moralische Verantwortung, man möchte fast sagen, der ganzen Welt gegenüber, und so wollen sie im Leben alles richtig machen. Natürlich geraten sie dabei immer wieder an ihre Grenzen und gehen dann streng, ja schonungslos mit sich und anderen ins Gericht. Immer wieder werden ihre hehren Vorstellungen und Prinzipien von der Wirklichkeit konterkariert. Schnell entwickeln sie nun einen tiefen Pessimismus. Ihre wichtigste karmische Aufgabe ist es daher, einen realistischen Umgang mit ihren Idealen und eine hoffnungsvolle Lebenseinstellung zu entwickeln. Im Grunde sind es ja fröhliche und lebenslustige

Menschen, die von ihrer Gesamtdisposition her im Leben grundsätzlich alles erreichen können, was sie wollen.

Doch werden sie – und auch darin besteht eine ihrer karmischen Aufgaben – viel Geduld für ihr Leben aufbringen müssen, bis sie echtes Glück und tiefe innere Zufriedenheit finden werden. Besonders in jungen Jahren wird ihr Leben oft von vielen Wechseln und großen Höhen und Tiefen geprägt, und sie werden auf ihrem Weg einige Hindernisse überwinden und manche Enttäuschung verkraften müssen. Gelingt es ihnen, eine innere Stabilität in ihr Dasein zu bringen, dürfen sie sich alles in allem aber meist auf ein erfülltes Leben freuen.

Gesundheit im Zeichen Garudas

Ihre außergewöhnlich gute Gesundheit und Konstitution, der die Garuda-Geborenen meist ein langes, erfreuliches Leben verdanken, ist nicht selten auch auf ihre eigene Initiative und ihr vernünftiges Verhalten zurückzuführen. Sie legen nämlich größten Wert auf Hygiene und achten sehr auf ihre Ernährung. Unter diesem Zeichen finden sich daher auch zum Beispiel ungewöhnlich viele Vegetarier.

Da Garuda die Unterschenkel regiert, sind diese jedoch bei den Menschen seines Zeichens für Unfälle und für spezielle Erkrankungen, zum Beispiel Krampfadern, am anfälligsten.

Überhaupt: Ein Unfall ist am Ende häufig schuld. Etwas ging schief, eine Explosion, ein Absturz. Was immer es auch war, der Tod tritt unter diesem Zeichen fast immer plötzlich ein.

Berufe im Zeichen Garudas

In allen Hilfsorganisationen auf nationaler wie auch auf internationaler Ebene, beim Roten Kreuz, bei UNICEF oder bei der Aids-Hilfe, auch beim Katastrophenschutz oder gar bei der Feuerwehr sind die Garuda-Geborenen am richtigen Platz und meist in führenden Positionen. Ihre konsequente humanitäre Einstellung führt viele auch direkt in die Sozialarbeit.

Darüber hinaus prägt Garudas Einfluss auch eine Reihe bedeutender Gesellschaftswissenschaftler, zum Beispiel auf den Gebieten der Soziologie, der Ethnologie oder der Politologie. Aber auch Zukunftsforscher, Astronomen und avantgardistische Künstler auf allen Gebieten, also Musiker, Dichter, Maler usw. arbeiten unter Garudas Zeichen.

Und nicht zuletzt finden sich hier auch Astronauten, Piloten und überhaupt Reisende, mit welchem Ziel auch immer.

Das Liebesgeheimnis Garudas

Der geniale Garuda herrscht in den Stunden tiefer Nacht. Daher erfasst er wie in Träumen die Wahrheiten des Lebens ohne erkennbare Logik und ohne spürbare Mühe. So hat er die Seinen mit einer Weitsicht ausgestattet, die es ihnen erlaubt, intuitiv die Zukunft zu erschauen. Hierher rühren ihre Originalität und ihre Erfindungsgabe. Auch handeln sie fast immer richtig nach dem Prinzip: *Ich weiß* – allerdings ohne sagen zu können, woher oder warum. Dabei haben Garuda-Geborene den inneren Drang, die Geheimnisse des Lebens kennen zu lernen und zu untersuchen. Also prüfen sie ohne jede Gefühlsregung ihre Mitmenschen und deren Ideen und sammeln unvoreingenommen Erfahrungen. Als Philantropen sind sie dann aber entschlossen, die Welt an ihrer Weisheit teilhaben zu lassen.

Grundsätzlich haben die Menschen dieses Zeichens eine liberale Einstellung. Sie sehen auch keinen vernünftigen Grund, Autoritäten zu respektieren, die gewiss schon morgen anderen werden weichen müssen. Für Leute mit anderen Überzeugungen haben Garuda-Typen nur ein Lächeln übrig und dazu Freude daran, durch unkonventionelles Verhalten zu schockieren. Stets befürworten sie also Veränderungen, vor allem bei anderen. Sie selbst beharren nämlich meist im direkten Kontrast zu ihren Forderungen auf ihrer persönlichen Meinung, ihrem Wertsystem und ihrem Lebensstil.

Ihre freundliche Art und unschuldige Unkompliziertheit macht diese Individualisten liebenswert. Nur vernachlässigen sie leicht ihre private Beziehung, wenn sie sich ihrem Idealismus folgend in den Dienst der Allgemeinheit stellen wollen.

Für Garuda-Geborene ist die Liebe zunächst ein Gefühl, das erforscht und genossen werden muss. In vielen Beziehungen erleben sie ihre verschiedenen Dimensionen. Doch oft hinterlässt die sexuelle Befriedigung eine emotionelle Leere und eine tiefe Sehnsucht. Ihre Toleranz und ihre Selbstlosigkeit hilft ihnen nun wenig. Dabei sind die Menschen dieses Zeichens sehr wohl in der Lage, eine umfassendere Bedeutung der Liebe zu erkennen. Wenn sie eines Tages den Zauber der Einheit mit einem Partner spüren, werden sie ruhig. Sie sollten dieses Gefühl nicht sorglos zerstreuen, sich ihm verweigern oder es gar mit Freundschaft verwechseln. Sie laufen dann Gefahr, die Liebe zu verpassen. So werden aus Garuda-Typen einsame Exzentriker oder Neurotiker.

Die Grunderfahrung der Garuda-Geborenen in der Liebe ist, dass die Liebe Toleranz bedeutet und als Einheit entdeckt werden muss.

Erlösung

Garuda-Geborene sind gläubige Menschen, die von der inneren Gewissheit geleitet werden, dass es mehr als eine nur anfassbare Welt gibt.

Oft auch aus dem Kontakt zu anderen Welten heraus verfolgen sie auch unterschiedliche religiöse Richtungen, wobei sie sich besonders für den Hinduismus, für den Buddhismus und den Taoismus interessieren. Vor allem aber haben die meisten auch einen inneren Bezug zur Esoterik, wobei sie sich vor spiritistischen und okkultistischen Richtungen aber in Acht nehmen sollten, die für sie oft weniger das gewünschte Glück als vielmehr mentale Probleme mit sich bringen.

Zweifellos fühlen sich Garuda-Naturen zur Meditation stark hingezogen, zumal sie sich sehr gut konzentrieren können. Auch lieben sie den Rückzug in die Einsamkeit. Doch müssen sie ihr Leben lang stets auf das richtige Maß für ihr Alleinsein achten. Denn auf der anderen Seite sind sie sozial orientierte Typen mit einer philantropischen Grundhaltung, die Kontakte brauchen und sich gern für andere oder für eine gute Sache einsetzen, weil sie ihren Mitmenschen mit Mitgefühl begegnen. Lernen sie, die ambivalenten Seiten ihres Wesens miteinander in Einklang zu bringen und eine Balance zwischen dem Rückzug in sich selbst und dem Engagement nach außen zu finden, kommen sie ihrer Bestimmung näher. Es gilt, karmisch gesehen, die beiden Pole, die individuelle Identität einerseits und die soziale Gemeinschaft andererseits, miteinander zu verbinden.

Garuda-Geborene haben einen philosophischen Geist und glauben meist weniger an das Schicksal im Sinne eines unverrückbaren Fatums, als vielmehr an das Karma, das sich durch die Erfüllung seiner Lebensaufgaben auflösen lässt und damit Erlösung verspricht. Auf ihrer Suche nach den Antworten auf

die großen Fragen des Lebens können sie im Laufe ihrer Jahre ein beachtliches spirituelles Wissen erwerben und zudem in die Lage kommen, Kräfte zu entwickeln, die sie die Zukunft sehen lassen. Es mag gut sein, dass mancher selbst als Lehrer oder Trainer in einer bestimmten esoterischen Richtung tätig wird oder sogar eine eigene Schule gründet.
Gelingt es ihnen dabei, sich das Prinzip Hoffnung zu Eigen zu machen, darin alle Zweifel und Selbstzweifel aufgehen, können sie ihre Wahrheit erspüren und ihr Karma auflösen. Es sind oft reife Seelen.

Der Mythos Garudas: Der strahlende Reiter Kalkin

Bald löst das eine das andere Weltzeitalter ab – auch dem Westen ist dies nichts Neues, denn hier ist schon lange vom Anbruch der Wassermann-Ära die Rede.
Nach indischer Auffassung wird demnach bald Kalkin, ein strahlender Reiter auf einem weißen Pferd, erscheinen, um der Zeit der Fische mit einem Schwert aus Flammen ein Ende zu machen. Dabei wird Vishnu in der Gestalt des Kalkin erwartet. Wie ein Messias soll der mächtige Erhalter der Welt die bösen Geister, die sich im Laufe der Fische-Ära der Welt bemächtigt haben, verjagen und als Kalkin für eine neue, bessere Zukunft kämpfen, die von Weisheit und Gerechtigkeit bestimmt sein wird.
Damit beginnt ein neuer großer Schöpfungszyklus, ein neues Weltzeitalter, das verschiedene Perioden umfassen wird. Die erste Periode wird golden, also paradiesisch sein.

12. Die heitere Ganga und die feinsinnige Yamuna – Das göttliche Prinzip in den Fischen

Die größte Offenbarung ist die Stille.

Die Fische im alten Indien

Indischer Name:	Mina
Indische Göttinnen:	Ganga und Yamuna
Bedeutung:	Fluss
Planet:	Jupiter (ind.: Bhraspati)
Energie:	negativ, passiv, weiblich
Element:	Wasser
Typus:	Vermittler (bewegliches Zeichen)
Kennzeichen:	Emotion, Empfindsamkeit
Tageszeit:	4:00 – 6:00 Uhr
Handlungsprinzip:	Ich glaube.
Physis:	Füße
Stimme:	leise, verbindlich
Reittier:	Schildkröte und Seeungeheuer
Farben:	Rosa, Purpur
Pflanze:	Veilchen
Glücksstein:	Jade
Metall:	Nickel
Glückszahlen:	3 und 6
Glückstag:	Donnerstag
Ideale Partner:	Parvati (Krebs), Yama (Skorpion)
Haupttugend:	Mitgefühl
Hauptfehler:	Feigheit

Charakter

Grundsätzlich spielen in der indischen Mythologie die Flussgöttinnen eine viel bedeutendere Rolle als ihre europäischen Kolleginnen zum Beispiel in der griechischen Mythologie. Dem hinduistischen Glauben nach eignen sich Flüsse nämlich dazu, die Sünden der Lebenden und der Toten abzuwaschen.

Die Göttinnen Ganga und Yamuna verkörpern dabei die beiden heiligsten Flüsse Indiens, den Ganges und den Yamuna. Beides sind ausnehmend schöne Frauen. So formt ihr Zeichen im Allgmeinen attraktive und feinsinnige Naturen mit Sinn für alles Ästhetische. Ihr Element ist das Wasser, und dieses ist beweglich wie sie selbst und wie ihr Geist. Die Menschen dieses Zeichens sind meist sympathische, gefühlsbetonte und friedliche Wesen, die große Sensitivität, viel Intuition und eine enorme Fantasie ausgezeichnet.

Ganga und Yamuna sind auf dem Glück bringenden Jupiter beheimatet, wobei der Riesenplanet den Menschen ihres Zeichens seine negative, also eher passive Seite zugewandt hat. Sie bevorzugen es daher, indirekt zu wirken, anstatt direkt und aktiv vorzugehen. Sie möchten andere gern positiv beeinflussen. Allerdings werden sie dabei oft selbst viel mehr beeinflusst, und ihr Lebensweg hängt oft davon ab, unter welchen Einfluss sie geraten. Das Ziel dieser kommunikativen Naturen ist es aber, allen das Leben auf der Erde so angenehm und lebenswert wie möglich zu machen. Daher bemühen sie sich, mit ihren Mitmenschen gut klarzukommen.

Ganga und Yamuna ließen sich schließlich auf die Erde hinab, um das dortige Leben zu retten und zu erhalten. Sonne und Mond, Götter und Rishis, Tiere und Jäger eilten einst herbei, um dieses Ereignis zu feiern. Die Göttinnen erwiesen der Welt damit einen großen Dienst.

Alle Dienstleistungsbereiche, die in den vergangenen Jahrzehnten mächtig expandierten und ohne die die modernen Gesellschaften nicht funktionieren, sind dem Schutz dieser Flussgottheiten unterstellt. Da die Menschen ihres Zeichens alle Voraussetzungen mitbringen, sich überall einfügen zu können, je nachdem, wie es die Situation erfordert, haben sie als gute, dienstbare Geister unserer Gesellschaft häufig eine beachtliche Karriere gemacht. Ganga und Yamuna gelten ja auch als Spenderinnen von Wohlstand und Überfluss. So tragen die Göttinnen auf Darstellungen meist einen Wasserkrug, der überschwappt.

Vieles auf der Welt hängt also von den Menschen ihres Zeichens ab, aber oft lassen sich diese damit auch selbst wieder in große Abhängigkeiten bringen. Sie handeln nämlich häufig nicht sonderlich weise. Sie geben gern dem Drang nach, anderen zu gefallen, tragen Konflikte lieber nicht offen aus und schieben logische und praktische Argumente beiseite, um sich von ihren Gefühlen in die Irre leiten zu lassen. Die Fußangeln übersehen sie dabei leicht und tragen somit nicht selten Verletzungen davon. Wenn sie schließlich völlig frustriert sind, werden sie nervös und sentimental und verfallen dem Selbstmitleid. Damit droht ihr Selbstvertrauen zu verschwinden, und zuletzt fehlt es ihnen völlig an Initiative.

Nun reitet Ganga auf einem Seeungeheuer und Yamuna auf einer Schildkröte. Wenn also die Menschen ihres Zeichens sich Mühe geben, ihre Gefühle kennen zu lernen und zu steuern, außerdem ihre Vorstellungen von den Dingen an der Realität messen, ergeht es ihnen im Leben weitaus besser. Sie sind nämlich durchaus in der Lage, strategisch zu denken und klare Entscheidungen zu treffen, an die sie sich dann auch halten. Aus ihrem inneren Bedürfnis nach einem festen Halt orientieren sie sich meist gern an den erprobten Traditionen der Vergangenheit. Sie akzeptieren die Werte der Kultur, in

die sie geboren wurden und lieben Zeremonien und Rituale aller Art. Heiraten, Taufen oder Begräbnisse etwa finden, wenn es nach ihnen geht, nach altem Brauch statt.
Ganga und Yamuna formen hoffnungsvolle, heitere und religiöse Menschen im besten Sinne des Wortes. Sie mögen leicht zu beeindrucken sein, aber ihr natürliches Mitgefühl und ihre Gabe zu verzeihen, sind beispielgebend.
Wenn die Lebenden und die Toten an den Ganges und an den Yamuna kommen, um sich von deren Fluten die Sünden abwaschen zu lassen und in ihnen ihre eigenen Gesichter sehen, dann halten die Flussgöttinnen der Welt den Spiegel vor. Und ganz plötzlich werden die Menschen ihres Zeichens dabei sich selbst und ihre Wahrheit entdecken.

Geburtsthema

Seit Kindertagen glauben die unter dem Zeichen von Ganga und Yamuna geborenen Menschen von ganzem Herzen an das Gute in der Welt und werden an diesem Glauben auch ihr Leben lang festhalten. Dementsprechend handeln sie stets nach idealistischen Grundsätzen und wollen immer nur Gutes tun, um damit für ihr eigenes Wohlergehen ebenso wie für das anderer Menschen zu sorgen. Mit ihrem Leben zum Wohle aller etwas beizutragen, ist ihr Traum. Sie haben eben eine sehr philantropische Einstellung. Ihr persönliches Bestreben ist es dabei, ein *großer* Mensch zu werden, dass heißt, eine tiefe innere, seelische Größe zu erreichen. Stets werden sie sich bei der Umsetzung ihrer Träume und Ziele in erster Linie auf sich selbst, auf ihr eigenes physisches und psychisches Vermögen verlassen. Natürlich möchten sie dabei auch ein glückliches und komfortables Leben führen und sich sogar manchen luxuriösen Wunsch erfüllen.

Allerdings werden sie einige große Kämpfe durchstehen und eine Reihe von Veränderungen hinter sich bringen müssen, bevor sie Erfolg haben und ihre Ziele erreichen können. Die größte Gefahr für die Menschen dieses Zeichens besteht darin, dass sie sehr schnell ungeduldig werden, die Flinte ins Korn werfen und sich in ihre Träume flüchten, anstatt sie umzusetzen. Ihre karmische Aufgabe ist es, Stetigkeit und Konstanz in ihr Leben zu bringen, damit sie nicht immer auf Wanderschaft bleiben. Das Schicksal hat sie aber mit viel Optimismus und großem Vertrauen in die Zukunft ausgestattet, sodass sie alles in allem ein glückliches Leben erwarten können. Für vieles werden sie ihrem Schicksal schließlich dankbar sein.

Gesundheit im Zeichen Gangas und Yamunas

Die Flussgöttinnen regieren die Füße, sodass diese auch für Unfälle und andere Beeinträchtigungen, Pilzerkrankungen zum Beispiel, anfällig sind.
Viel häufiger aber sind die Menschen dieses Zeichens von Vergiftungen und Suchtleiden, auch Drogenabhängigkeit, und Krankheiten wie Ess- oder Magersucht betroffen, die auf ihr eigenes Fehlverhalten zurückzuführen und meist psychisch bedingt sind. Auch falsche Behandlungsmethoden führen die Menschen unter dem Einfluss von Ganga und Yamuna auf das Krankenlager und manchmal zuletzt sogar in den Sarg.
Vorsicht ist im Umgang mit Wasser angesagt. Auch Tod durch Ertrinken kommt in diesem Zeichen unverhältnismäßig häufig vor.

Berufe im Zeichen Gangas und Yamunas

Die meisten Menschen dieses Zeichens findet man zweifellos im Dienstleistungssektor beschäftigt, sei es zum Beispiel in der Verwaltung eines Unternehmens oder auch im öffentlichen Dienst etwa in einer Beratungsstelle. Sie sind meist sehr vielseitig begabt, anpassungsfähig, teamorientiert und hilfsbereit.
Häufig haben sie auch einen Hang zur Musik. Überhaupt sind aus dem Zeichen der Flussgöttinnen viele hervorragende Künstler, Instrumentalisten, Komponisten, Maler und andere Kreative hervorgegangen.
Auch im Bereich der Religion, sei es als Pastor oder als Seelsorger, aber auch als Yoga- oder Meditationslehrer sind sie am richtigen Platz und damit im Allgemeinen sehr erfolgreich.

Das Liebesgeheimnis Gangas und Yamunas

Den geheimnisvollen Flussgöttinnen Ganga und Yamuna gehören die letzten Stunden der Nacht. Diese alten Seelen sind mit allen Seiten des Lebens vertraut und bringen daher für die Schwächen und Schwierigkeiten der Menschen viel Verständnis und Mitgefühl auf. Den Ihren geben sie große Empfindsamkeit, das unbewusste Wissen, alles schon einmal erlebt zu haben, und zugleich die mystische Vision, dass das Leben schön und heiter sein kann. So lassen sie sie dementsprechend handeln nach dem Prinzip: *Ich glaube.*
Den Glanz des Glücks erahnend haben die Menschen dieses Zeichens allerdings den starken Drang, sich den negativen Erfahrungen auf dieser Welt zu entziehen. Daher gehen sie mit wachen Sinnen Spannungen und Konfrontationen systematisch aus dem Weg und vermeiden instinktiv heikle Ver-

wicklungen aller Art. Da das Leben aber viele Versuchungen mit sich bringt, gelingt es ihnen nicht, sich immer aus allem herauszuhalten.

Gerade im intimen Bereich machen sie unterschiedliche Erfahrungen sexueller und romantischer Natur und treiben nicht selten von einer Affaire in die nächste, auf der Suche nach der Sonnenseite des Lebens und der Liebe. Stets bedacht, Schmerzen zu entgehen, ergreifen sie lieber schnell die Flucht, wenn die Gefahr droht, sich in Emotionen zu verfangen, als sich einer Auseinandersetzung zu stellen.

Für die Menschen im Zeichen von Ganga und Yamuna bedeutet die Liebe, sich dem Verlangen, mit dem Partner eins zu werden, selbstlos zu unterwerfen. Sie finden dabei mehr Glück im Geben als im Nehmen. Aber nur, wenn sie ihr ureigenstes Problem, in jeder kritischen Situation passiv zurückzuweichen, mit jener geistigen Kraft lösen, mit der sie gerne andere beraten, wird ihnen der Zauber wahrer Liebe zuteil. In einer Verbindung von Herz und Verstand, Gefühl und Geist können sie dann zu einer seltenen Ekstase gelangen.

Bringen sie nicht den nötigen Mut und die Willensstärke für die Liebe auf, werden aus den bescheidenen, zärtlichen und philosophischen Menschen dieses Zeichens schüchterne, ständig besorgte Masochisten, die sich eine Lebenslüge schaffen. Oder es werden Einsiedler aus ihnen.

Ganga und Yamuna lehren, dass Liebe Mitgefühl ist, aber der Auseinandersetzung bedarf.

Erlösung

Immer wieder werden die unter dem Zeichen Gangas und Yamunas geborenen Menschen auf ihrem wechselvollen, im Ganzen aber glücklichen Lebensweg tiefem menschlichem Leid begegnen, dass sie stets mit großer Betroffenheit erfüllen wird. Im Sinne ihrer philantropischen Einstellung, ihres Glaubens an das Gute in der Welt und ihres idealen Wunsches, mit ihrem Leben zum Wohle aller etwas beizutragen, setzen sich viele auf sozialer Ebene bald für die Benachteiligten unserer Gesellschaft und für Menschen in Not ein, oft auch mit finanziellen Mitteln. Vielleicht werden sie auch in der Wohlfahrt aktiv oder aber engagieren sich entsprechend bei einer Glaubensgemeinschaft, denn es sind im erweiterten Sinne durchaus religiöse Naturen. Viele haben Vorbehalte gegenüber den konventionellen Wegen zu innerer Erfüllung. Gerade wenn sie eines Tages am Sinn ihres sozialen Engagements zweifeln, sind sie bald geneigt, neue Wege zu gehen. Sie interessieren sich ernsthaft für Mysterien. Von ihrer Veranlagung her besitzen sie einen siebten Sinn und sind zweifellos medial begabt. Es lohnt sich für sie, diese spirituellen Fähigkeiten zu entwickeln, aber weniger, weil sie damit durchaus bekannt werden und in manchen Fällen als Lehrer damit sogar Geld verdienen können, als vielmehr wegen der vielen ungewöhnlichen, persönlichen Erfahrungen, die die Menschen dieses Zeichen dabei sammeln können. Sie sind nämlich tatsächlich in der Lage, das scheinbar Unmögliche wahr werden zu lassen!

Gelingt es ihnen dadurch, ihr soziales Bestreben in die Suche nach Humanität, nach echter Menschlichkeit einmünden zu lassen, wird es ihnen gelingen, ihren Traum, seelische Größe zu erreichen, zu leben und den Weg zu ihrer Erlösung finden.

Der Mythos Gangas und Yamunas: Der Fisch Matsya

In der dunklen Nacht zwischen zwei Schöpfungszyklen nickte Brahma, der göttliche Kreative, über dem Studium der Veden ein, das heilige Wissen noch in seinem Schoße haltend, als ein

Dämon plötzlich aus dem Urozean – gemeint ist der Kosmos – auftauchte und ihm die Veden stahl, ohne die leider kein neuer Schöpfungszyklus beginnen kann.

In dieser schrecklichen Situation schlüpfte Vishnu als Erhalter der Welt in die Gestalt des kleinen Fisches Matsya. Dieser wurde von Manu, dem ersten Menschen auf der Erde, sorgsam gefüttert, bis er groß war. Bevor Matsya dann in die undurchsichtigen Tiefen des Urozeans hinabtauchte, um dort den Dämon zu überwinden und die heiligen Veden zu retten, prophezeite er der Welt eine gewaltige Flut und befahl Manu und den legendären sieben Weisen, mit so vielen Tieren wie möglich und zudem mit ausreichend Saatgut ein großes Schiff zu besteigen, um die Flut zu überstehen. Und so geschah es.

Zweifellos ist hiermit das Original des Sintflut-Mythos angesprochen – *Sind* lautet nämlich noch heute der Name des Landes am Indus-Delta, wo die große Flut wohl einst stattfand.

Liebe, Familie, Freundschaft und Beruf. Partnerschaften im Spiegel der indischen Astrologie

Was einer im Tiefsten seines Selbst ist,
das liebt er in den Erscheinungen,
die ihm entgegentreten,
und so wird er durch sie zu dem,
was er sein soll.

Wollen zwei Menschen heiraten, wird in Indien noch heute zunächst ein Astrologe befragt, ob ihre Horoskope denn harmonieren. Meist wurden diese schon bei der Geburt erstellt. Auch bei der Wahl von Freunden und Geschäftspartnern werden sie zu Rate gezogen. Und überhaupt war es immer schon wichtig zu wissen, welche Typen den Sternen nach zueinander passen und welche nicht – auch in Europa.

Wer was von wem in Liebe und Ehe, in Freundschaft und Gesellschaft oder in beruflicher Hinsicht zu erwarten hat, können Sie hier nachschlagen. Die folgenden Abschnitte über die einzelnen Astro-Kombinationen bringen das Grundverhältnis zwischen den verschiedenen Typen nach alter indischer Lehre auf den Punkt. Holen Sie sich hier die Anregungen, wie Sie die große Liebe finden, erfahren Sie, wer sich für Sie als Freund/in eignet und lassen Sie sich beraten, mit wem Sie am besten zusammenarbeiten.

Finden Sie in der folgenden Tabelle einfach die für Sie fragliche Kombination heraus und schlagen Sie das Ergebnis unter der im Schnittpunkt angegebenen Zahl nach. Wer seinen Aszendenten und/oder auch sein Mondzeichen kennt, sollte die folgenden Absätze auch unter diesem Blickwinkel betrachten. Viel Spaß!

Astro-Kombinationen

	Agni	Nandi	Vishnu	Parvati	Brahma	Ganesha	Lakshmi	Yama	Indra	Shiva	Garuda	Ganga Yamuna
Agni	1						*					
Nandi	2	13										
Vishnu	3	14	24									
Parvati	4	15	25	34								
Brahma	5	16	26	35	43							
Ganesha	6	17	27	36	44	51						
Lakshmi	7	18	28	37	45	52	58					
Yama	8	19	29	38	46	53	59	64				
Indra	9	20	30	39	47	54	60	65	69			
Shiva	10	21	31	40	48	55	61	66	70	73		
Garuda	11	22	32	41	49	56	62	67	71	74	76	
Ganga Yamuna	12	23	33	42	50	57	63	68	72	75	77	78

1 Agni & Agni

Im Beruf kann diese Kombination höchst erfolgreich sein, denn die Energie und der Tatendrang der Agni-Geborenen wird ja gleich verdoppelt. Einem Liebes- oder Ehepaar verlangt sie allerdings eine gewisse Kompromissbereitschaft ab, da Agni-Typen nunmal sehr eigenwillig und impulsiv sein können. Auf freundschaftlicher Ebene kann man sich aber fast immer einigen. Gibt es Ärger, ist der nämlich bald auch wieder verraucht. So kann daraus eine lebenslange und sicher interessante Beziehung entstehen.

2 Agni & Nandi

Nandi holt den ideenreichen und risikofreudigen Agni immer wieder auf den Boden der Tatsachen zurück, weswegen in dieser Beziehung sicher oft die Fetzen fliegen, sei es unter Kollegen, Freunden oder Ehepartnern. Akzeptiert der idealistische Agni den Wunsch nach Stabilität, die Nandi ihm bieten kann, und lässt sich Nandi im Gegenzug wenigstens ab und an von den großen Plänen Agnis begeistern, kann diese Verbindung aber auch sehr fruchtbar sein, vor allem im Beruf. Eine Partnerschaft dürfte aber ziemlich anstrengend werden.

3 Agni & Vishnu

Hier kommt keine Langeweile auf, denn beide haben viel Fantasie, können sich gegenseitig anregen und finden dabei große Befriedigung. Vermutlich wird es eher der Agni-Partner sein, der die gemeinsamen Pläne dann umsetzt. Doch dies ist ihm durchaus recht. Man hat eben viel Verständnis füreinander. Das zeigt sich auch besonders in der Liebe, denn bei beiden mag es mit der Treue mal hapern. Die Versöhnung ist aber fast immer gewiss. Beide finden im Übrigen auch großes Glück bei gemeinsamen Reisen. In jeder Hinsicht eine sehr gute und tragfähige, meist auch dauerhafte Kombination.

4 Agni & Parvati

Der empfindsame Parvati-Typ fühlt sich durch die Offenheit, Ehrlichkeit und Direktheit eines Agni-Menschen oft verletzend getroffen. Besonders Parvati-Frauen dürften auch Mühe haben, mit der Impulsivität eines Agni-Mannes umzugehen und die gelegentlichen Zornausbrüche wegzustecken. Ein Parvati-Mann wird sich von einer Agni-Frau meist nicht verstanden fühlen. Von einer Ehe ist abzuraten. Auch zu einer tiefen Freundschaft dürfte es selten kommen. Und im Beruf ist nicht auf eine friedliche Kooperation zu hoffen, denn beide haben einen Führungsanspruch und dabei sehr unterschiedliche Auffassungen vom Leben und vom Arbeiten.

5 Agni & Brahma

Hier begegnen sich im übertragenen Sinne *Krieg* – dafür steht Agni – und *Schöpfung* – dafür steht Brahma. In privater wie in beruflicher Hinsicht kann dies eine dauerhafte und sehr erfolgreiche Verbindung sein, falls der Agni-Typ sich darauf einlässt, für die Pläne und die Werke Brahmas zu kämpfen. In vielen Fällen ist es Liebe auf den ersten Blick! Wenn der Agni-Partner der männliche Teil ist, muss er aber um eine Brahma-Frau kämpfen. Die Untreue mancher Agni-Typen mag auch immer wieder einmal dazu führen, dass der Haussegen schief hängt. Dies gilt natürlich auch für Agni-Frauen.

6 Agni & Ganesha

Beide Typen streben im Leben nach Erfolg und sicher besteht in grundsätzlichen Fragen oft eine gewisse Übereinstimmung, doch die Temperamente sind sehr unterschiedlich. Im Beruf mag daher zwar ein erfolgreiches Team zustande kommen, auch als Freunde schätzen sich Agni und Ganesha gegenseitig, aber in einer Partnerschaft dürfte es oft Krach geben. Zu verschieden sind die Auffassungen von Liebe, Ehe und Familie. Die ruhige, häusliche Art der Ganesha-Geborenen wird Agni-Typen bald langweilen, während die ständige Aktivität der Agni-Geborenen Ganesha-Typen bald erschöpft.

7 Agni & Lakshmi

Hier treffen Gegensätze aufeinander, die sich zwar anziehen, aber ein permanentes Tauziehen um die Führung macht diese Kombination in jeder Hinsicht spannend. Nun kann es im Beruf leicht zum heftigen Kompetenzgerangel kommen, aber auch zu einer lebendigen, fruchtbaren Zusammenarbeit. In der Liebe gibt es oft eine erotische Stichflamme! Kann sich der Lakshmi-Partner aber nicht sofort für den Agni-Partner entscheiden und bleibt zu ungewiss in seinen Vorstellungen von Zweisamkeit, gibt Agni Lakshmi sicher bald auf. Anderenfalls kann es zu einer sehr interessanten Verbindung kommen. Dies gilt auch auf freundschaftlicher Ebene.

8 Agni & Yama

Agni und Yama verbindet derselbe Hunger nach Leidenschaft. Diese Kombination ist daher stets spannend und aufregend, aber gerade deshalb auch nicht immer einfach. Sie erfordert nämlich viel Einfühlungsvermögen auf beiden Seiten, was aber nicht unbedingt die Stärke dieser Charaktere ist. Hinzu kommt die Tendenz zur Eifersucht bei den Yama-Typen. Daher sind die Chancen, eine glückliche Beziehung zu führen, eher gering. Dies gilt, wenngleich natürlich in abgeschwächter Form auch für freundschaftliche Verbindungen. Im Beruf imponieren Yama eher Ausdauer und gleich bleibende Qualität als Risikofreude und schnelle Erfolge.

9 Agni & Indra

Kann der kämpferische Agni den idealistischen Indra davon überzeugen, dass sie beide füreinander jeweils die denkbar beste Ergänzung sind, kann ihr Zusammenschluss ein erfolgreiches Team ergeben. In beruflicher Hinsicht motivieren sie sich gewiss gegenseitig zu Höchstleistungen. Schnell werden sie ohnehin gute Freunde, deren Tatendrang zu vielen gemeinsamen Unternehmungen führt, die mit Mut und Energie durchgeführt werden. Beide können auch ein schönes Liebespaar abgeben, allerdings muss der Agni-Partner anfangs kräftig gegen die Bindungsscheue des geliebten Indra-Menschen kämpfen, der sich nie sicher ist, ob sich nicht noch eine bessere Partie ergibt.

10 Agni & Shiva

Nach Auffassung eines Agni ist der zähe und geduldige Shiva-Typ viel zu wenig bereit, Risiken einzugehen, vor allem, wenn es darum geht, ökonomische und gesellschaftliche Erfolge zu erzielen. Zwar streben diese beide an und sind sich über ihre Ziele im Leben oft auch einig, doch ihre Wege sind in den meisten Fällen sehr unterschiedlich. So wird es zwischen beiden viele anregende Diskussionen geben, die eine Freundschaft sehr beleben können, von einer Zusammenarbeit ist aber abzuraten. Zu einer dauerhaften und glücklichen Partnerschaft dürfte es ebenfalls nur in Ausnahmefällen kommen.

11 Agni & Garuda

Diese beiden Individualisten können sich lange treu bleiben, als Eheleute, Freunde oder Geschäftspartner. Nie aber sollten die Agni-Geborenen auf die Idee kommen, Besitzansprüche auf einen Garuda zu erheben oder gar Herrschaftsansprüche geltend zu machen. Garuda-Menschen lieben ihre Freiheit über alles. Daher werden in jeder Hinsicht ein wenig Fingerspitzengefühl und Nachgiebigkeit besonders von den Agni-Naturen verlangt, wenn privat und beruflich alles gut gehen soll. Die Garuda-Geborenen sollten im Gegenzug dazu darauf achten, ihren Freunden und Partnern aus dem Zeichen Agnis genügend Aufmerksamkeit zu schenken.

12 Agni & Ganga und Yamuna

Das Zusammensein der sensiblen Flussgöttinnen mit einem selbstbewussten Agni-Vertreter gestaltet sich problematisch, weil er die Schönen oft zu sehr an den Rand eines jeden Geschehens drängt, und dies lassen sie sich keineswegs auf Dauer gefallen. Private Beziehungen sind dann bald beendet, auch wenn die Erotik bis zum Schluss noch eine Rolle gespielt haben mag; im Berufsleben wird man sich nach einschlägigen Erfahrungen schlicht aus dem Weg gehen. Für den Geschmack eines Agni-Geborenen sorgen die Flussgöttinnen nämlich auch für zu viele Turbulenzen im Leben.

13 Nandi & Nandi

Natürlich stimmen bei dieser Kombination in jedem Falle die grundsätzlichen Auffassungen und Interessen überein, sodass dies sicher keine schlechte Verbindung ist. Ob als Kollegen, Freunde oder (Ehe-)Partner, die Nandi-Geborenen werden das Leben gern zusammen genießen und sicher auf vielen Gebieten auch gemeinsam vorankommen. Allerdings treffen hier echte Dickköpfe aufeinander. Sollte es zwischen ihnen einmal zu gravierenden Meinungsverschiedenheiten kommen, kann es im Haushalt oder auch im Büro zu turbulenten Szenen kommen.

14 Nandi & Vishnu

Zweifellos kann es bei diesem Paar heitere Stunden in der Liebe geben. Doch die Flatterhaftigkeit der Vishnu-Geborenen ist nun absolut nichts für die beständigen Nandi-Naturen, die diese Bekanntschaften dann unter der Rubrik Erfahrung verbuchen und die Beziehung meist abbrechen. Auch die Freundschaften zwischen den Vertreterinnen und Vertretern dieser Zeichen sind im Allgemeinen eher oberflächlich und lose. Im Beruf aber münzen die Nandi-Typen die oft großartigen Ideen der Vishnu-Menschen nicht selten sehr erfolgreich in Bares um, zum Vorteil beider.

15 Nandi & Parvati

In dieser Kombination ist Gefühl Trumpf und das gegenseitige Verständnis groß, sodass es unter Vertreterinnen und Vertretern dieser beiden Zeichen sehr oft zu wunderbaren Freundschaften und tragfähigen Partnerschaften kommt. Gern gehen Nandi und Parvati zusammen durch dick und dünn und bleiben sich stets treu. Da beide viel Familiensinn haben, gibt es oft reichlichen Kindersegen. Auch auf geschäftlichem Feld erweisen sie sich als verlässliche Partner, die ein erfolgreiches Team darstellen. Nur, wenn sich die Parvati-Naturen eines Tages die Welt ansehen und dafür hart Erspartes opfern wollen, kann es einmal Krach geben.

16 Nandi & Brahma

Bei diesen beiden springt der Funke leicht über und kann schnell zu einem leidenschaftlichen Feuer werden. Gönnt der Nandi-Geborene dem geliebten Brahma nun die Freiheit, die dessen Schöpfergeist braucht, und zügelt seine Besitzansprüche, kann diese Liebe ewig halten. Auch in aller Freundschaft können Nandi und Brahma das Leben in vollen Zügen gut gemeinsam genießen. In geschäftlicher Hinsicht können beide ein höchst erfolgreiches Duo sein, denn Brahmas große Pläne und Werke macht ein Nandi-Typ garantiert zu einem lukrativen Geschäft für beide.

17 Nandi & Ganesha

Meist eine glückliche Verbindung von Herz und Verstand! Das Herz bringt eher der Nandi-Geborene ein, den Verstand eher der Ganesha-Geborene. Hält dieser sich mit Belehrungen seinem Nandi-Partner gegenüber etwas zurück, kann aus beiden ein wahrhaft glückliches (Ehe-)Paar werden. Kameradschaft wird unter beiden Zeichen in jedem Falle groß geschrieben. Nicht zuletzt deshalb ist dies auch beruflich eine gute Kombination, denn beide haben eine materialistische Ader und dasselbe Ziel im Leben: langsam aber sicher und stetig zum ökonomischen und gesellschaftlichen Erfolg.

18 Nandi & Lakshmi

Beide Charaktere teilen die Lust am Leben, an der Liebe, an der Kunst und an allem anderen, was schön ist, leben ihre Lust aber auf sehr unterschiedliche Art aus. Auf gesellschaftlicher Ebene wird man daher gelegentlich das eine oder andere gemeinsam genießen, ein gutes Essen etwa oder einen Film. Eine tiefe Freundschaft aber dürfte sich dabei nur in seltenen Fällen entwickeln, und wahre Liebe wird das nie. Berechtigt oder nicht, oft muss sich der Lakshmi-Partner den Vorwurf der Untreue gefallen lassen. Als Kollegen können beide Typen sehr gut miteinander umgehen.

19 Nandi & Yama

Keiner steht dem anderen an Leidenschaftlichkeit nach, das gilt auf allen Gebieten, besonders natürlich in der Liebe. Doch bei Meinungsverschiedenheiten kennzeichnet Sturheit den Nandi-Typ und Starrsinn den Yama-Typ. Leicht kommt es somit zu echten Beziehungsdramen, denn beide Naturen sind auf Kampf programmiert und keiner will nachgeben. Da sich diese Charaktere selten gleichgültig gegenüberstehen, sind auch Freundschaften meist gefühls- und spannungsgeladen. Treffen Nandi und Yama in einem beruflichen Umfeld aufeinander, stellen beide bald fest, dass sie einen ebenbürtigen Gegenspieler gefunden haben.

20 Nandi & Inadr

Indra-Geborene haben viel Hunger nach Neuem, lieben die Veränderung und sind persönlich sehr wandlungsfähig. Nandi-Naturen streben nach Sicherheit, lieben die Beständigkeit und ruhen in sich. Hier treffen also große Gegensätze aufeinander, deren Anziehungskraft oft aber nur einen kurzen Moment andauert. Sie mögen bei Gelegenheit ein interessantes Gespräch führen oder auch einmal miteinander flirten, aber tiefe und lange Freundschaften ergeben sich hier selten, Partnerschaften so gut wie nie. Auch im Beruf ist das keine Verbindung mit Zukunft, zu unterschiedlich sind die Vorstellungen und Ziele.

21 Nandi & Shiva

In dieser Kombination weiß jeder sofort, was er am anderen hat. Beide wollen es im Leben zu etwas bringen und haben viel Sinn für das Materielle. Auch formen beide Zeichen eher ruhige und verantwortungsbewusste Menschen. Andererseits kommen hier die Schönheit und Leidenschaft in Gestalt der Nandi-Geborenen zum Nützlichen und Vernünftigen in Gestalt der Shiva-Typen. Ob sie sich als Kollegen oder Geschäftspartner, als Freunde oder als Liebende begegnen – in diesem Falle wird meist früher oder später geheiratet –, ergibt dies eine dauerhafte, glückliche und erfolgreiche Verbindung.

22 Nandi & Garuda

Eines haben beide gemeinsam: Eigensinn. Auch was Ausdauer und Zähigkeit betrifft, sind sich beide durchaus ebenbürtig. Damit können sie es als Team im Beruf und in der Gesellschaft weit bringen. Es ist durchaus auch wahrscheinlich, dass sich bei vielen mit den Jahren eine gute Freundschaft entwickelt. Von einer Partnerschaft aber sollten solche Paare absehen: Den Freiheitsdrang der Garuda-Charaktere können nämlich die wenigsten Nandi-Geborenen ertragen. Es mag zu unangenehmen Eifersuchtsszenen kommen, die der Garuda-Geborene schnell mit einem Abbruch der Beziehung quittieren dürfte.

23 Nandi & Ganga und Yamuna

Für die Flussgöttinnen sind Gefühle ebenso wichtig wie für einen Nandi, sodass diese Kombination viel Glück in der Liebe verspricht, sofern Ganga und Yamuna die gelegentlichen Wutanfälle eines Nandi verkraften können. Da beide Typen im Leben nach Sicherheit streben, dürfte die Verbindung meist auch von großer Dauer sein. Der Nandi-Partner sorgt dabei im Normalfall überwiegend für das materielle Wohl in dieser Gemeinschaft. Bei geschäftlichen Verbindungen kann es hier zu einem Ungleichgewicht kommen, dem die Beteiligten von vornherein begegnen sollten. Doch man versteht sich meist auch auf freundschaftlicher Basis.

24 Vishnu & Vishnu

Der eine ist des anderen Spiegelbild. Doch das wechselhafte, leichte Gemüt der Vishnu-Naturen macht eine enge Beziehung zwischen den Sternzeichengeschwistern oft zu einer Berg- und Talfahrt, der die Verbindung meist nicht lange standhält. Beide Partner sind nämlich auf eine ständige Veränderung aus. Auf freundschaftlicher Ebene kommen die Vishnu-Geborenen sicher gut miteinander aus. Auch als Kollegen schätzen sie sich meist, da sie ja die gleiche Grundeinstellung zum Leben und Arbeiten haben. Als Geschäftspartner sollten sie sich aber regelmäßig gut abstimmen, sonst weiß bald die linke Hand nicht mehr, was die rechte tut.

25 Vishnu & Parvati

Vor allem in jungen Jahren sind sowohl Vishnu-Geborene als auch Parvati-Geborene gern unterwegs und viel auf Reisen. Dabei können sich wunderbare Freundschaften entwickeln, die sogar ein Leben lang halten mögen. Wird eine Beziehung aber enger, treten die Gegensätze dieser Charaktere zu Tage. Die zarten Gefühle einer eher introvertierten Parvati-Natur kann der Zynismus eines Vishnu tief verletzen. Auch werden aus diesen selten häusliche und treue Typen. Eine Ehe wird für beide zur dauernden Bewährungsprobe. Im beruflichen Umfeld hat man miteinander seltener Probleme.

26 Vishnu & Brahma

Diese Parntner sind sich im Denken und im Temperament durchaus ebenbürtig. Die Vishnu-Geborenen setzen dabei ihren Geist und ihre innovative Kraft sicher gern für die Werke ihres Brahma-Partners ein. Auf beruflicher und gesellschaftlicher Ebene kann ein solches Duo also höchst erfolgreich sein. Rasch bilden sich dabei auch lebendige, gute Freundschaften heraus. Allerdings haben die Vishnu-Naturen große Mühe damit, einen Brahma immer nur zu bewundern und halten auch mit Kritik selten zurück. Dies dürfte bei Lebensgemeinschaften schon einmal zu heftigen Auseinandersetzungen führen.

27 Vishnu & Ganesha

Die Ordnung und Gründlichkeit der Ganesha-Naturen stehen im Gegensatz zum Erfindungsreichtum und zur lockeren Lebensart der Vishnu-Naturen. Zwar können sich diese Partner damit gut ergänzen und als Zweckgemeinschaft in Beruf und Gesellschaft sogar höchst erfolgreich sein, doch wird es immer wieder zu wortgewaltigen Auseinandersetzungen kommen, denn beide sind darauf angelegt, sich im Leben mit dem Argument als Waffe durchzusetzen. Auf kollegialer und freundschaftlicher Ebene lassen sich ihre Konflikte im Allgemeinen lösen, in Paarbeziehungen wird dies schwieriger und anstrengender.

28 Vishnu & Lakshmi

In einer Lakshmi hat ein Vishnu ganz sicher einen ebenbürtigen Menschen gefunden, der ebenso heiter und freiheitsliebend ist wie er. Gemeinsam verstehen sie sich auf die Kunst zu leben und zu lieben. In der Freundschaft oder in der Liebe finden diese Partner oft zu einer harmonischen und lebendigen Beziehung, die ein Leben lang halten kann. Zuweilen sollten sie sich aber beide auf das Geldverdienen konzentrieren, das den Lakshmi-Typen im Allgemeinen um einiges besser gelingt als den Vishnu-Geborenen. Sie können dabei zusammen durchaus erfolgreich sein, dürften aber selten gemeinsam steinreich werden.

29 Vishnu & Yama

Die geistige Regsamkeit beider Charaktere lässt sicher einige intensive Gespräche und ein paar gemeinsame Aktivitäten zu. Doch bald werden beide feststellen, dass die Freiheitsliebe und Leichtlebigkeit einer typischen Vishnu-Natur nicht zu den klaren Besitzansprüchen und ernsthaften Lebenskonzepten eines Yama-Typen passt. Freundschaften dürften daher eher oberflächlich bleiben und sich auf gelegentliche Treffen beschränken. Von einer Liebesbeziehung sollten Menschen, die unter dieser Kombination stehen, absehen. Heftige Eifersuchtsszenen sind quasi vorprogrammiert.

30 Vishnu & Indra

Es gibt einige Gemeinsamkeiten: Die Lust an Veränderungen, an Reisen, an Neuem und das spielerische Element in beiden Charakteren. Tolerieren beide dabei die Ansichten des jeweils anderen, und diese dürften oft höchst verschieden sein, kann es zu guten Freundschaften kommen, bei denen es aufgrund vieler anregender Diskussionen niemals langweilig wird. Im Leben und besonders in der Liebe aber brauchen beide Typen viele Erfahrungen, bevor sie ihren Weg finden. Erst in reiferen Jahren mögen sich hier Paare zusammenfinden, die dann auch eine Chance haben, zusammenzubleiben. Als Team im Beruf wird man mäßig erfolgreich sein.

31 Vishnu & Shiva

Die lebenslustige und manchmal verschwenderische Art einer Vishnu-Natur kann ein typischer Shiva-Vertreter, der planvoll und stetig an seinem beruflichen und gesellschaftlichen Erfolg arbeitet, meist nur schwer akzeptieren. So sind die beiden weder im Beruf noch im Leben ein wirklich gutes Team. Die Chancen stehen etwas besser, wenn es sich bei dem Vishnu-Partner um eine Frau und beim Shiva-Partner um einen Mann handelt. Die Vishnu-Geborene macht nichts kompliziert und kann mit ihrem Shiva-Partner locker umgehen, solange er nicht versucht, sie zu erziehen.

32 Vishnu & Garuda

Ideale Gefährten, denn sie sind seelenverwandt und haben viele gemeinsame Eigenschaften: Aufgeschlossenheit, Humor und Originalität zum Beispiel. Auch lieben beide die Freiheit. In gegenseitigem Einverständnis sind sie stets zu neuen Abenteuern aufgelegt und auch willens, sie gemeinsam zu bestehen. Es scheint, als wären diese beiden eigens füreinander geschaffen. So kommen unter dieser Kombination wunderbare, herzliche Freundschaften und glückliche Liebesbeziehungen zustande. Geht es allerdings um geschäftliche Angelegenheiten, kommt es in dieser Kombination selten zu einer Ansammlung von Kapital.

33 Vishnu & Ganga und Yamuna

Eine solche Begegnung bringt den Beteiligten mit Sicherheit zunächst fröhliche Stunden, oft voller Ausgelassenheit, die von der Fansasie und der Heiterkeit beider Charaktere bestimmt werden. Auf Dauer aber verlangen die Menschen, die unter dem Zeichen der Flussgöttinnen stehen, nach Ruhe, Harmonie und Zuverlässigkeit, die ihnen ein Vishnu-Vertreter meist nicht bieten kann oder auch nicht will. Setzt hier dessen Kritik ein, sind Ganga und Yamuna schnell verletzt. Geht es um berufliche Ziele, scheinen die Träume der Flussgöttinen einem Vishnu quasi unerreichbar. Was unter dieser Kombination am ehesten möglich ist, ist eine gute Freundschaft.

34 Parvati & Parvati

Treffen diese Sternzeichengeschwister aufeinander, entsteht in jedem Falle eine Verbindung mit viel Gefühl. Im Allgemeinen herrscht kameradschaftliche Fürsorglichkeit, die eine sehr gute Grundlage für eine erfüllte Freundschaft ist. Kulturelle Genüsse und kleine Reisen mögen diese Verbindung bereichern. Kommt man sich näher, ist auf Dauer allerdings zu befürchten, dass man sich gegenseitig mit seinen Gemütsschwankungen auf die Nerven fällt und sich das Leben schwer macht. Paare haben Mühe, den Alltag gemeinsam in den Griff zu bekommen. Als Kollegen oder Geschäftspartner müssen sie sich anstrengen, ihren Job mit Erfolg zu erledigen.

35 Parvati & Brahma

Ein Brahma-Geborener versteht es im Allgemeinen hervorragend, mit seinem sonnigen Gemüt Licht in die Tiefe einer echten Parvati-Seele zu bringen, und schafft es damit fast immer, sie aufzumuntern. Auch bieten die starken Brahma-Typen den sensiblen Parvati-Naturen im praktischen Leben oft viel Halt, was zweifellos eine wichtige Voraussetzung für ein gelungenes Zusammenleben ist. So kann es unter dieser Konstellation zu guten Freundschaften und auch zu manchen Bindungen fürs Leben kommen. Wehrt sich der Parvati-Partner aber einmal gegen die Großspurigkeit seines Brahma-Gefährten, wird es strapaziös.

36 Parvati & Ganesha

Sehr schnell zeichnet sich bei einer solchen Begegnung ab, dass die goldene Mischung aus dem intensiven Gefühl der Parvati-Natur und dem schneidenden Verstand des Ganesha-Vertreters eine gute Basis für eine dauerhafte und herzliche Freundschaft oder sogar für mehr ist. Dabei wird es eher der Ganesha-Partner sein, der für das wirtschaftliche Fundament in dieser Beziehung sorgt und an die Zukunft denkt. Ist eine Parvati nun bereit, von einem Ganesha zu lernen und ihre starken Emotionen besser zu kontrollieren, wird dies ein glückliches Paar. Im Beruf können sie mit der Zeit mehr und mehr Erfolge gemeinsam feiern.

37 Parvati & Lakshmi

Dies mag am Anfang ein sehr elegantes Liebespaar sein, doch in einer festen Verbindung gibt es bald Abnutzungserscheinungen. Beide Typen streben nach der Führung, doch erweist sich der Lakshmi-Partner, ob männlich oder weiblich, als dominant und trifft die Entscheidungen, worauf eine Parvati-Natur meist mit Eigensinn reagiert. Auch liebt eine Lakshmi ihre Freiheit und fühlt sich von einem Parvati-Partner auf Dauer eingeengt. Trennungen, auch unter Freunden, sind vorprogrammiert. Dazu ist das Streben nach ökonomischem und gesellschaftlichem Erfolg bei einer Lakshmi weitaus mehr ausgeprägt als bei einer Parvati. So kommt es auch im Beruf oft zu Schwierigkeiten.

38 Parvati & Yama

Unter dieser Kombination lässt sich eine gefühlvolle, aber auch harmonische, ausgewogene Beziehung aufbauen, was eine gute Basis für eine dauerhafte Freundschaft ist. Kommt Leidenschaft ins Spiel, stehen die Chancen gut, dass ein solches Paar zusammenbleibt, bis dass der Tod es scheidet. Nur mit seiner Eifersucht oder seinem gelegentlichen Sarkasmus kann ein Yama-Geborener die sensible Parvati-Natur so verletzen, dass diese es in dieser Beziehung eines Tages nicht länger aushält. In beruflicher Hinsicht produziert dieses Duo in keinem Fall Pleiten!

39 Parvati & Indra

Zweifellos teilen die Menschen, die unter diesen beiden Zeichen geboren sind, manche Interessen, zum Beispiel am Reisen und an neuen Eindrücken. So mögen sich unter diesen Aspekten auch Freunde zusammenfinden. Doch die Temperamente dieser beiden Charaktere divergieren erheblich. Der temperamentvolle Indra-Typ ist einer ruhigen und harmoniebedürftigen Parvati-Natur letzten Endes zu freiheitsliebend und unstet in seinem Lebenswandel. Zu Ehen und Lebensgemeinschaften wird es unter diesen Konstellationen selten kommen, ebenso wenig zu engen beruflichen Beziehungen.

40 Parvati & Shiva

Trifft man sich, um berufliche Ziele zu erreichen, wird es in erster Linie wohl dank des stärkeren Shiva-Geborenen sicher ein finanzieller Erfolg, wenngleich beide Partner zu einigen Kompromissen gezwungen sein dürften. Die emotionale Art der Parvati-Natur steht nämlich im großen Gegensatz zum rationalen Wesen eines Shiva-Menschen. Wenn sich diese Gegensätze zu Anfang auch anziehen mögen, so erfordert es doch in privaten Beziehungen von beiden Teilen viel Toleranz, um eine solche Verbindung zu einer tiefen Freundschaft oder auch Liebe reifen zu lassen.

41 Parvati & Garuda

Besonders in jungen Jahren teilen beide gewisse Interessen, zum Beispiel an neuen Erlebnissen und Eindrücken, sodass hier manche Freundschaften zustande kommen mögen, doch sind die Chancen, dass diese für alle Zukunft Bestand haben, sehr gering. Überhaupt kommt es nur selten zu einer viel versprechenden Verbindung, denn die Charaktere, die hier aufeinander treffen, sind im Grunde zu verschieden. Das gilt auf geschäftlichem wie gesellschaftlichem Feld und erst recht für intime Beziehungen. Die Freiheitsliebe und Unabhängigkeit der Garuda-Typen steht im Widerspruch zu den Vorstellungen von Zweisamkeit einer Parvati-Natur.

42 Parvati & Ganga und Yamuna

Diese Kombination gilt in der indischen Astrologie als eine der bestmöglichen, denn sie verspricht eine vom Gefühl getragene, harmonische und dauerhafte Beziehung. Dabei kommt es dann vor allem auf die Stärke des Parvati-Geborenen an, gleichgültig ob männlich oder weiblich, aus dieser Verbindung auch eine ökonomisch erfolgreiche Gemeinschaft zu machen. Im Grunde aber stört es beide Teile wenig, wenn es im Beruf oder in der Gesellschaft nur langsam vorangeht. Unter dieser Kombination gibt es sowohl wunderbare Freundschaften, auch im Kreise von Kollegen, wie auch glückliche, stabile Ehen. Der Familiensinn ist bei beiden Partnern sehr ausgeprägt, sodass Kinder meist nicht lange auf sich warten lassen.

43 Brahma & Brahma

Treffen diese sonnigen Sternzeichengeschwister unter welchen Vorzeichen auf immer – beruflich oder privat – aufeinander, fühlen sich beide Teile natürlich sofort verstanden. Sie können auf freundschaftlicher oder kollegialer Ebene auch auf Dauer gut miteinander umgehen und sich gegenseitig unterstützen. In Partnerschaften aber, beruflichen wie intimen, kann es bald zum Konkurrenzkampf kommen, der eine enge Verbindung, meist aber erst nach schmerzlichen Erfahrungen, scheitern lässt. Die Großzügigkeit des Brahma-Wesens kann auch schon einmal auf dem Geschäfts- oder Privatkonto zu einer Insolvenz führen.

44 Brahma & Ganesha
Mit dem schöpferischen und tonangebenden Brahma-Geborenen wird ein Ganesha-Typ sehr bald Probleme haben, denn für dessen Lebenslust und die damit oft verbundene verschwenderische Großzügigkeit hat der ernsthafte und grundsätzlich eher asketisch lebende Ganesha-Typ im Grunde wenig Verständnis. Zwar würde er einem Brahma eine übergeordnete Stellung in der Gesellschaft oder im Beruf nicht streitig machen – daher kann diese Verbindung in geschäftlicher Hinsicht sogar sehr wertvoll sein –, aber auf persönlichem Gebiet, sei es als Freunde oder als Liebespaar, verspricht diese Kombination wenig Glück.

45 Brahma & Lakshmi
Beide Typen haben den Ehrgeiz, es im Leben zu etwas zu bringen und gesellschaftlichen und ökonomischen Erfolg zu haben. Einer geschäftlichen Verbindung steht in diesen Fällen also selten etwas im Wege. Man wird sich gegenseitig wirksam unterstützen. Auch privat verstehen sich die Vertreterinnen und Vertreter dieser Zeichen meistens gut, denn sie möchten beide das Leben auf einem möglichst hohen Niveau genießen. So ergeben sich hier oft ideale Freundschaften. Kommt Liebe mit ins Spiel, bilden die Partner unter dieser Kombination meist ein glanzvolles Paar, das sich sogar treu ist.

46 Brahma & Yama

Die kreative Natur der Brahma-Geborenen braucht Freiheit und Vertrauen. Yama-Menschen aber sind von ihrer Veranlagung her tendenziell besitzergreifend und misstrauisch. Beides sind noch dazu ausgesprochene Kämpfernaturen, die sich im Temperament und in der geistigen Kraft durchaus messen können. Eine wie auch immer geartete Verbindung zwischen Vertretern dieser beiden Sternzeichen dürfte also viel Streit, wenn nicht sogar erbitterte Kämpfe mit sich bringen. Beide lassen deshalb am besten die Finger sowohl von intensiveren privaten als auch von geschäftlichen Beziehungen.

47 Brahma & Indra

Man darf davon ausgehen, dass sich die Menschen, die unter den Zeichen von Brahma und Indra geboren sind, spontan verstehen. Oft entwickeln sich zwischen ihnen tragfähige Freundschaften oder zuweilen auch leidenschaftliche Partnerschaften. Meist sind diese Verbindungen auch von einer tiefen Zuneigung geprägt. Ob auf beruflicher, gesellschaftlicher oder privater Ebene, stets werden bei dieser Kombination gemeinsam ehrgeizige Ziele verfolgt. Jeder sollte nun darauf achten, seine Erwartungen nicht zu hoch zu schrauben, damit es später keine Enttäuschungen gibt und man den Lohn und den Ruhm für das Erreichte auch wirklich zusammen genießen kann.

48 Brahma & Shiva

Für eine Brahma-Natur ist es trügerisch, wenn sich am Anfang einer romantischen Beziehung ein Shiva-Geborener an sie anlehnt, sich erholt und unter dem sonnigen Einfluss eines Brahma sogar munter wird. Shiva formt ruhige Führertypen, die sich niemals mit den vehementen Autoritätsansprüchen eines Brahma arrangieren werden. Schon unter Freunden dürfte eine hohe Kompromissbereitschaft nötig sein, um die Verbindung dauerhaft erfreulich zu gestalten. Dies gilt natürlich umso mehr für Liebesbeziehungen. In beruflicher Hinsicht wird es in jedem Falle problematisch.

49 Brahma & Garuda
Gleich vom ersten Augenblick an mag bei dieser Kombination eine freundschaftliche Stimmung aufkommen, denn die Fantasie der Garuda-Natur spornt die schöpferische Kraft eines Brahma-Geborenen zweifellos an. Geht die gegenseitige Faszination über die freundschaftlichen Gefühle, die eine wunderbare Basis für eine lange und erfolgreiche Verbindung sein können, hinaus, ist jedoch große Vorsicht geboten. Die Freiheitsliebe eines Garuda-Menschen lässt sich nur schwer mit dem Besitzdenken einer Brahma-Natur vereinbaren. Das sollte auch auf beruflicher Ebene berücksichtigt werden.

50 Brahma & Ganga und Yamuna
Ohne Zweifel wird es manchem Brahma-Geborenen gelingen, Menschen, die unter dem Zeichen der schönen Flussgöttinnen geboren wurden, auf Anhieb zu beeindrucken. Im beruflichen Umfeld ebenso wie auf privater Ebene sind Ganga und Yamuna im Grunde auch gern bereit, dem schöpferischen Kraftmenschen die Führung zu überlassen. Lässt dieser es aber an Zuwendung oder Aufmerksamkeit den sensiblen Flussgestalten gegenüber fehlen oder versucht sogar, sie nach seinen Vorstellungen zu prägen, gerät dieses an sich gute kollegiale, freundschaftliche oder auch romantische Gefüge ins Wanken.

51 Ganesha & Ganesha
Die Verbindung dieser beiden Sternzeichengeschwister kann sehr erfreulich sein, findet man doch im Partner das, was man

selbst so schätzt: das vernünftige Denken, die Ordnungsliebe und den verantwortungsbewussten Umgang mit Menschen und auch mit Geld. Sogar die gegenseitige Kritik kann hier befruchtend wirken und die Beziehung nur beleben, da es sicher oft zu anregenden Diskussionen kommt. Es versteht sich fast von selbst, dass unter dieser Kombination tiefe Freundschaften, auch dauerhafte Partnerschaften entstehen. Einem gemeinsamen Geschäft wird es nie an Kapital mangeln.

52 Ganesha & Lakshmi

Der Charme und die Weisheit einer Lakshmi-Natur finden bei Ganesha-Typen oft auf Anhieb Anklang. Doch korrespondieren seine Nüchternheit und seine Tendenz zur Askese kaum mit der oft aufwendigen Lebensart einer typischen Lakshmi. Vor diesem Hintergrund mag es zwischen beiden zwar zu anregenden und sogar dauerhaften Freundschaften kommen, und auch im Beruf beziehungsweise in geschäftlichen Verbindungen streben beide Seite an Seite meist erfolgreich nach oben und machen finanzielle Gewinne, doch glückliche Liebesbeziehungen sind unter dieser Kombination selten.

53 Ganesha & Yama

Was Geist und Intellekt angeht, begegnen sich hier zwei ebenbürtige Charaktere, die tatsächlich auch eine harmonische Verbindung miteinander eingehen können. Da beide einen Sinn für Materielles haben, ist ihre Zusammenarbeit erfolgreich und jedes gemeinsame Unternehmen krisensicher. Dieses Paar ist nämlich in der Lage, aus jeder Situation das Beste zu machen. Der Gleichklang in dieser Verbindung formt tiefe Freundschaften und stiftet manchmal auch Ehen. Der Yama-Geborene sollte in diesem Falle von seinem Ganesha-Partner Liebe, aber nicht zu viel Leidenschaftlichkeit verlangen.

54 Ganesha & Indra

Unter dieser Kombination entstehen manchmal merkwürdige Verbindungen, denn im Grunde passen Ganesha- und Indra-Menschen nicht zusammen. Der Wunsch nach Stabilität und Sicherheit bei den Ganesha-Geborenen entspricht eben ganz und gar nicht dem Freiheitsdrang und der Abenteuerlust eines typischen Indra. So werden sich diese beiden Charaktere selten zu Partnerschaften, seien diese beruflicher oder romantischer Art, zusammenfinden. Einzig in der Vorsicht, wenn es darum geht, sich fest zu binden, haben sie Parallelen. Mit etwas Toleranz auf beiden Seiten können sich unter dieser Kombination daher gute Freundschaften entwickeln.

55 Ganesha & Shiva

Beziehungen, gleichgültig welcher Art, die zwischen Ganesha-Geborenen und Shiva-Geborenen geknüpft werden, sind meist von vornherein sehr viel versprechend. Besonders im Beruf stimmen beide taktisch und praktisch völlig überein und können es gemeinsam zu großen Erfolgen bringen. Auf menschlicher Ebene bringen beide so viel Verständnis füreinander auf, dass Freundschaften unter Vertreterinnen und Vertretern dieser beiden Zeichen sicher ein Leben lang halten. Da außerdem die jeweiligen Vorstellungen betreffend der Lebensgestaltung sehr oft übereinstimmen, sind auch Hochzeiten nicht selten. Die Ehen sind überwiegend glücklich.

56 Ganesha & Garuda

Zweifellos begegnen sich hier Charaktere, die es auf geistigem und intellektuellem Feld miteinander aufnehmen können. Auf dieser Ebene kommen sie als Kollegen oder auch als Freunde gut miteinander zurecht. Der Ganesha-Geborene setzt dann meist um, was sich der Garuda-Geborene ausgedacht hat. Ist dieser seinem Kollegen oder Freund dankbar und treu, hält die

Verbindung mitunter ein Leben lang. In Liebesbeziehungen allerdings gibt es meist Probleme, denn feste Bindungen sind einer unabhängigen Garuda-Natur ebenso fremd wie die Prinzipien oder die feste Moral eines typischen Ganesha.

57 Ganesha & Ganga und Yamuna

Zwar streben in dieser Verbindung beide nach Sicherheit, doch bilden diese Persönlichkeiten ein Gegensatzpaar aus Gefühl und Verstand. Mag dies auch zuweilen zu teils sogar sehr intensiven freundschaftlichen Kontakten führen, in einer Liebesbeziehung kommen die romantischen Flussgöttinnnen mit der kühlen Art der Ganesha-Typen meist nicht zurecht. Trifft man sich auf beruflicher Ebene, können Ganga und Yamuna unter Umständen vom Geschäftssinn eines Ganeshas sehr profitieren, doch die Ideen und Träume der eher intuitiv handelnden Flussgöttinnen werden von den rationalen Ganesha-Typen manchmal recht voreilig verworfen.

58 Lakshmi & Lakshmi

Diese Sternzeichengeschwister verstehen sich meist auf Anhieb bestens und schließen rasch Freundschaft. Kommt Eros mit ins Spiel, kommt auch die Liebe schnell auf Touren, zumal beide keinen Überschuss an Geduld haben. Den ersten Krach gibt es dann, wenn jeder seinen Führungsanspruch in dieser Beziehung geltend machen will. Doch werden Konflikte unter dem Zeichen der Lakshmi meist mit Weisheit und großer Eleganz gelöst. Dies gilt auch besonders im beruflichen Umfeld. Hier treffen sich Lebenskünstler, die im Leben zusammen sehr erfolgreich sein können.

59 Lakshmi & Yama

Ein gewisses, kaum zu durchschauendes Einverständnis prägt die meisten Beziehungen zwischen Lakshmi-Geborenen und

Yama-Naturen, die vor allem auch im Alltag sehr gut miteinander zurechtkommen. Sie unterstützen sich gegenseitig als Freunde auf privater Ebene oder auch als Kollegen im beruflichen Umfeld. Einzig Liebesbeziehungen können wirklich problematisch werden, denn da ein Lakshmi-Mensch um seiner selbst willen geliebt werden möchte und das auch noch dauerhaft, wird er die Fesseln eines Yama-Geborenen nicht lange ertragen. Er braucht etwas Freiraum zu seiner persönlichen Entfaltung, sonst geht er.

60 Lakshmi & Indra

Hier treffen sich echte Seelenverwandte, denn beide Charaktere schätzen ihre Freiheit, reisen gern und bringen viel Lebenslust mit. So entstehen zwischen den Vertreterinnen und Vetretern dieser Zeichen rasch gute, dauerhafte und anregende Freundschaften. Kommt Liebe ins Spiel, wird es kompliziert, denn Indra-Typen sind prinzipiell bindungsscheu. In den meisten Fällen wird es erst zu einer festen Bindung kommen, wenn der Indra-Geborene in reiferem Alter die nötigen Erfahrungen gemacht hat. Auf geschäftlichem Feld wird man gemeinsam nicht übermäßig erfolgreich sein, aber auch nicht Pleite gehen.

61 Lakshmi & Shiva

Das Streben nach Erfolg und Anerkennung in Gesellschaft und Beruf ist beiden gemeinsam, doch gehen die Menschen, die unter diesen Zeichen geboren sind, sehr unterschiedliche Wege. Während der Lakshmi-Geborene mit Taktik und Diplomatie und im Vertrauen auf sein Glück leicht vorankommt, arbeitet sich der Shiva-Typ konsequent nach oben. Beide haben dabei aber einen Führungsanspruch, sodass stets die Gefahr besteht, sich in die Quere zu kommen, besonders im Beruf. Aber auch im Privatleben steht die Lebenslust einer Lakshmi im Gegensatz zur Ernsthaftigkeit eines Shiva, daher sind enge Verbindungen sehr selten.

62 Lakshmi & Garuda

Diese Kombination gilt in der indischen Astrologie in jeder Hinsicht als sehr aussichtsreich, denn hier verbinden sich zwei verwandte Seelen, die das Leben aus einer ähnlichen Perspektive sehen. Schnell entstehen tragfähige Freundschaften, die oft ein Leben lang halten, denn der Wert der Freundschaft wird von Lakshmi ebenso geschätzt wie von Garuda und spielt auch in Liebesbeziehungen meist eine Rolle. Hier lassen sich beide Partner ohne Diskussionen die Freiheiten, die jeder braucht, sodass es auch viele glückliche Ehen in dieser Kombination gibt. Auch im Beruf kommt man gemeinsam bestens voran.

63 Lakshmi & Ganga und Yamuna

Die einfühlsame Lakshmi-Natur findet im Normalfall durchaus einen Zugang zur fragilen Seele und dem schwankenden Gemüt der Flussgöttinnen und bringt auch in schlechten Zeiten viel Verständnis für die Probleme von Ganga und Yamuna auf. Auch zeigt sich ein Lakshmi-Typ gewiss hilfsbereit, doch erkennt er bald, dass sich hier ein ungleiches Paar zusammengefunden hat, was manchen dann auf Dauer stört. Von dieser Verbindung profitieren eher die Flussgöttinnen, denen eine Lakshmi-Natur Halt gibt, aber wenig dafür zurückbekommt, weder im Beruf noch in einer privaten Beziehung.

64 Yama & Yama

Die Sternzeichengeschwister denken und handeln quasi gleich, natürlich auch was ihre Besitzansprüche angeht. Als Kollegen oder Geschäftspartner bringen sie es gemeinsam unaufhaltsam zu wirtschaftlichen Erfolgen. Kommen aber Eifersüchteleien ins Spiel, wird dieses gefährlich, denn diese beiden bleiben stets auch gleichwertige Gegner, die bis zum letzten Augenblick kämpfen werden! So sind auch Liebesbeziehungen hier nicht ganz unproblematisch. Geht eine solche auseinander, dauert es oft nur eine kleine Weile, bis die ehemaligen Partner treue Freunde werden, die durch nichts mehr zu trennen sind.

65 Yama & Indra

Der typische Yama-Geborene ist von seiner Veranlagung her konservativ, sesshaft, ausdauernd und zäh. Dagegen ist der Indra-Geborene tendenziell innovativ, es zieht ihn in die Ferne, und nicht immer bringt er zu Ende, was er einmal angefangen hat. So treffen in dieser Kombination große Gegensätze aufeinander, die außerdem meist wenig Verständnis füreinander aufbringen. Selten kommt es hier daher zu freundschaftlichen oder gar zu engeren Beziehungen, und wenn, sind diese meist von kurzer Dauer und enden im Streit. In geschäftlichen Dingen könnte dabei ein Indra gut von einem Yama-Typ profitieren.

66 Yama & Shiva

Sind diese beiden Partner mit der Zeit bereit, sich an den jeweils anderen ein wenig anzupassen und zuweilen auch nachgiebig zu sein, ergänzen sie sich in ihren Eigenschaften ausgezeichnet. Mit Kampfgeist und Durchhaltevermögen kommen sie im Beruf gemeinsam gut voran und pflegen dabei auch als Kollegen oft eine große Kameradschaft. Das Streben nach Anerkennung und Erfolg ist beiden gemeinsam und prägt häufig auch Freundschaften und Liebesbeziehungen zwischen Yama- und Shiva-Geborenen. Trotz aller Gleichberechtigung erweist sich dabei aber meist der Shiva-Charakter als mächtiger und übernimmt die Führung.

67 Yama & Garuda

Der große Freiheitsdrang und der Wunsch nach persönlicher Unabhängigkeit eines Garuda-Geborenen sind nur schwer mit den Vorstellungen von Besitz und Treue eines Yama-Charakters in Einklang zu bringen. Selten kommt es daher hier zu engen Beziehungen, und wenn, sind diese meist nur von kurzer Dauer, zumal die Aggressivität einer Yama-Natur einen verletzlichen Garuda-Menschen schnell das Weite suchen lässt. Auch ihre Arbeit erledigen beide auf sehr unterschiedliche Weise, sodass eine erfolgreiche Kooperation nur mit viel gutem Willen auf beiden Seiten möglich ist.

68 Yama & Ganga und Yamuna

Die Seelenverwandtschaft zwischen Vertretern dieser beiden Sternzeichen führt im Allgemeinen schnell zu vertrauensvollen und aufrichtigen Beziehungen. Unter der Führung des Yama-Geborenen bringt es ein solches Duo daher sogar im Beruf zu beachtlichen Erfolgen. Freundschaften gestalten sich meist innig und intensiv. Oft aber bleibt es nicht dabei, sondern Liebe und Erotik kommen ins Spiel. Vor dem Hintergrund gegenseitiger Faszination halten Partnerschaften zwischen Yama-Geborenen und Menschen aus dem Zeichen der Flussgöttinnen oft ein Leben lang.

69 Indra & Indra

Indra-Typen sind ausgesprochene Individualisten. Treffen also diese beiden Sternzeichengeschwister aufeinander, bahnt sich schnell eine erfrischende und anregende Beziehung an. Auf freundschaftlicher Ebene werden sich nun beide aufgrund des Gleichklangs ihrer Seelen verständigen und dauerhaft gute Kontakte pflegen. Wird eine Beziehung enger, wird es allerdings schwieriger, denn die Leichtlebigkeit des Indra-Menschen macht in der Liebe hier auf beiden Seiten das nötige

Vertrauen und Wohlbefinden zunichte. In beruflicher Hinsicht kann ein solches Paar durchaus gemeinsam zum Erfolg kommen, am ehesten in kreativen Bereichen.

70 Indra & Shiva

Den Beziehungen zwischen Indra-Geborenen und Shiva-Typen bescheinigt die indische Astrologie auf allen Gebieten schlechte Chancen, da die Charaktere sehr unterschiedlich sind und sich in ihren Eigenschaften auch kaum ergänzen, obwohl beide nach beruflichem Erfolg und gesellschaftlicher Anerkennung streben. Konzentrieren sich beide auf diese Ziele, kann dies im Job gelegentlich sogar zu gemeinsamen Erfolgen führen. Ansonsten will eine Indra-Natur in erster Linie leben, während ein Shiva-Typ konsequent weiterarbeitet. Daher sind Freundschaften und Liebesbeziehungen hier selten und meist nicht von Dauer.

71 Indra & Garuda

In ihrem inneren Streben nach Individualität drückt sich die Wesensverwandtschaft zwischen Indra-Geborenen und Garuda-Typen aus. Heiter sind die Stunden am Anfang einer Beziehung, bei denen beide so viele Gemeinsamkeiten entdecken: Reisen, Sport, Lesen usw. Ihre geistige Aufgeschlossenheit und ihre ähnlichen Interessen bilden die Grundlage für viele wunderbare Freundschaften und manche glückliche Liebesbeziehung, in der keiner den anderen einengt. Da dies auch für geschäftliche Verbindungen gilt und beide auch im Beruf viel Idealismus mitbringen, kann hier ein erfolgreiches Team entstehen.

72 Indra & Ganga und Yamuna

Der extrovertierte, aktive Indra-Typ und die meist in sich gekehrten Flussgöttinnen stellen in mancher Hinsicht große Gegensätze dar. Indra-Geborene denken und handeln praktisch. Die Menschen, die unter dem Einfluss von Ganga und Yamuna stehen, denken dagegen theoretisch und sind eher passiv. Von einer guten Zusammenarbeit kann also weder im Beruf noch im privaten Umfeld die Rede sein, auch wenn ähnliche Visionen die Partner zuweilen verbinden. In Freundschaft und Liebe suchen die sensiblen Flussgöttinnen nach Geborgenheit, die ein Indra-Typ selten zu geben in der Lage ist.

73 Shiva & Shiva

Das Streben nach wirtschaftlichem Erfolg und gesellschaftlicher Anerkennung bestimmt im Allgemeinen das Leben der Shiva-Geborenen und macht vor allem im Beruf eine Verbindung dieser Sternzeichengeschwister zu einem wünschenswerten Fall. Gemeinsam können sie fast alles erreichen, und zwar Schritt für Schritt. Bei einer intimen Beziehung aber besteht die Gefahr, dass sich beide für die Liebe zu wenig Zeit nehmen, weil sie ihren ehrgeizigen Zielen nachjagen. Das mag auch manche Freundschaft belasten. Gehen beide diese Gefahr gemeinsam an, können die Partnerschaften aber glücklich sein.

74 Shiva & Garuda

Mit seinem Streben nach Unabhängigkeit und seinem häufig unkonventionellen Verhalten eckt ein Garuda-Typ bei einem Shiva-Geborenen zunächst meist unweigerlich an. Andererseits kann sich Letzterer einer gewissen Faszination oft nicht mehr erwehren. Lassen sich beide aufeinander ein, kann ein Shiva-Geborener in einem Garuda einen treuen und verständnisvollen Freund finden oder auch einen kameradschaftlichen Partner, wenn es um gemeinsame Geschäfte geht. Dabei kann sich der Shiva-Typ erkenntlich zeigen, in dem er letztlich für die finanziellen Gewinne sorgt. Zur Liebe kommt es bei diesen Paaren aber selten.

75 Shiva & Ganga und Yamuna

Die zarten Flussgöttinnen finden bei den starken und beständigen Shiva-Charakteren oft die Geborgenheit, die sie für ihr Glück und Wohlbefinden im Leben brauchen und danken es diesen mit viel Gefühl, dem Shiva-Geborene oft zu wenig Raum in ihrem Leben geben. Deshalb sind tiefe Freundschaften und innige Liebesbeziehungen unter den Vertreterinnen und Vertretern dieser beiden Zeichen meist hervorragende Verbindungen, und zwar fürs ganze Leben!

Zwar lernen Ganga und Yamuna in dieser Verbindung kennen, was harte Arbeit bedeutet, doch werden sie einem Shiva-Partner auch in dieser Hinsicht eine Stütze sein. Dies gilt natürlich auch für Geschäftsbeziehungen.

76 Garuda & Garuda

Die Seelenverwandtschaft unter Garuda-Naturen ist oft so groß, dass jeder den anderen schon aus der Kindheit zu kennen glaubt. Da die Fähigkeit zur Freundschaft eine besondere Qualität dieser Charaktere ausmacht, steht solchen Verbindungen im privaten wie im beruflichen Umfeld nichts im Wege. Hier finden sicher gute Freunde, hervorragende Kameraden und gleich gesinnte Kollegen zueinander. Wird eine Beziehung intim, mag sie die Partner auf Dauer aber nicht befriedigen, denn die Liebe unter diesen Sternzeichengeschwistern ist zweifellos eine Art Geschwisterliebe.

77 Garuda & Ganga und Yamuna

Leicht sind diese beiden Charaktere voneinander fasziniert. Dem Garuda-Geborenen gefällt die Sensibilität der Flussgöttinnen, während diese seinen originellen Geist bewundern. Verlieben sich solche Partner, entsteht meist eine heitere Liaison, selten aber eine stabile Verbindung, denn der freiheitsliebende Garuda-Mensch kann die Sehnsucht nach Geborgenheit bei Ganga und Yamuna selten stillen. Auf freundschaftlicher Ebene haben die Beziehungen zwischen diesen Partnern eher Bestand. Im Beruf ergibt sich oft eine anregende Zusammenarbeit, die aber nicht immer von entsprechendem Erfolg gekrönt ist. Beides sind nun mal keine Karrieretypen.

78 Ganga und Yamuna & Ganga und Yamuna
Wortloses Verständnis prägt meist die Beziehungen zwischen diesen Sternzeichengeschwistern, die ihre Verwandtschaft gern in innigen Freundschaften mit Herz, Gemüt und seelischem Tiefgang ausleben. Kommt die Liebe ins Spiel und es entsteht eine Lebensgemeinschaft, hat auch diese gute Chancen auf Bestand, wenn sie es schaffen, ihrer Beziehung eine vernünftige wirtschaftliche Basis zu geben. Da es den Flussgöttinnen aber zu Gunsten großer Visionen häufig an Realismus fehlt, ist eine Geschäftsverbindung dieser Sternzeichengeschwister selten erfolgreich.

Die indische Sterndeutung.
Astrologie der Zukunft

*In jedem Anfang
liegt die Möglichkeit der Vollendung.*

Die indische Astrologie stellt ein fein ausgearbeitetes, unabhängiges System zur Sterndeutung dar, dessen Wurzeln wie eingangs gezeigt, bis in die Zeit der prähistorischen Indus-Kultur zurückdatieren. Und man darf außerdem spekulieren, dass es davor auch schon so etwas wie Astrologie gab. Seit Menschen denken, sammeln sie wohl das empirische Wissen zur Wirkung natürlicher und kosmischer Gegebenheiten und verfeinern es mit der Zeit immer mehr. Es ist daneben nicht auszuschließen, dass einige medial begabte Menschen zu verschiedenen Zeiten auch in der Lage waren, intuitiv den Code des Kosmos zu erfassen und übergeordnetes Wissen zu erahnen.
Um die Geheimnisse des Lebens zu entschleiern, geht die indische Astrologie seit jeher ungewöhnliche, eigenständige Wege. Sie gilt auf diesem faszinierenden Subkontinent noch immer als die hohe Kunst der Prophezeiungen, denn sie bewies bis heute stets den Mut zu präzisen Prognosen. Sie vermag es, Lebensläufe in früheren Existenzen zu erkennen, den jetzigen Lebensweg bis ans Ende zu beleuchten, die Lebenserwartung zu kalkulieren und sogar die zu erwartenden Wiedergeburten ersichtlich zu machen. Selbstverständlich ist dieses Vorgehen an die hinduistische Karma-Lehre gebunden, die schon seit langem auch im Westen immer mehr Anhänger findet. Einen Einblick in die geradezu unerschöpfliche Weisheit der indischen Astrologie gewährt dieses abschließende und zugleich zukunftweisende Kapitel.
Zunächst daher einige Anmerkungen zur hinduistischen Lehre,

auf der die indische Horoskopie aufbaut: Nach dieser Auffassung ist das, was einem Menschen widerfährt, stets eine Folge seiner Taten in früheren Leben. Daher bilden auch seine Taten im jetzigen Leben die Basis für das kommende. Die guten und die schlechten Handlungen auf dem karmischen Konto eines Menschen sind es, die sein Geschick im gegenwärtigen Leben bestimmen und den Ausschlag für künftige Geburten geben. Insofern ist das Karma der große Regulator des Schicksals.

Das heißt nun aber nicht, dass der Mensch in einen vorentworfenen Lebenslauf hineingeboren wird und alles, was ihm passiert, als unausweichlich einfach hingenommen werden muss. Vielmehr hat jeder die Möglichkeit, sein Schicksal, dessen Grundtendenz zwar vorgeprägt sein mag, selbst in die Hand zu nehmen und es zu verändern. Kein Hindu und also auch kein indischer Astrologe wird jemals ernsthaft behaupten, dass das Leben eines Individuums in allen Einzelheiten vorherbestimmt ist. Er wird vielmehr argumentieren, dass der Mensch seinen Verstand und seinen freien Willen nicht umsonst besitzt. Der freie Wille und die eigene Veranlagung bedingen einander, und zuletzt kann nur die Kraft des freien Willens das Schicksal ändern und das Karma auflösen.

Ein indisches Horoskop dient vor allem dazu, sich und sein Schicksal zu erkennen und die Konsequenzen zu ziehen: seine Schwächen bewusst angehen, um negativen Einflüssen entgegenzuwirken, seine Stärken nutzen, um positive Einflüsse besser auszuschöpfen, außerdem seine karmischen Aufgaben wahrnehmen, um mit dem Einsatz seines Willens und seiner Talente zur Erlösung zu gelangen.

Ist das System der westlichen Sterndeutung bereits nicht gerade einfach, so ist das indische leider noch etwas komplexer, denn seine Methoden sind auch weit spezieller. Dabei werden einzigartige Möglichkeiten genutzt, um in einem Horoskop das Zusammenspiel der kosmischen Energien darin, die vor allem von den Planeten repräsentiert werden, zu studieren und zu interpretieren.

Das System der indischen Astrologie und das Erstellen eines Horoskops hier nun in aller Ausführlichkeit zu erörtern, würde den Rahmen dieses Buches sprengen. Es soll aber bald in einem anderen Werk geschehen, das sich an dieses anschließen wird. In aller Kürze seinen hier dennoch einige Besonderheiten der indischen Astrologie aufgeführt.

Prinzipiell werden in Indien Horoskope nicht als Kreise, sondern als Quadrate zu Papier gebracht, was zum Beispiel auch auf etlichen historischen Palmblattmanuskripten zur Astrologie zu sehen ist. In einem solchen Quadrat werden sodann zwölf gleich große Sektoren abgeteilt, die die so genannten Häuser des Horoskops darstellen. Nun werden die Sternkreiszeichen immer in dieselben Sektoren eingetragen, das heißt, jedes Zeichen erhält ein Haus. Der Aszendent wird nun als erstes Haus gezählt und alle anderen Häuser werden von hier aus durchnummeriert. Die Südinder folgen dabei dem Uhrzeigersinn, Nordinder machen es meist andersherum, wie die westlichen Astrologen im Allgemeinen auch.

Die Häuser bezeichnen bestimmte Bereiche des Lebens, was sie prinzipiell auch in der westlichen Astrologie tun, nur sind die indischen Häuser teils mit anderen Themen belegt als ihre jeweiligen westlichen Entsprechungen. *Bhava*, das Haus, bedeutet in der indischen Tanzkunst den Ausdruck bestimmter Gefühle, meint also Gesten wie Lachen oder Lächeln, Weinen oder Seufzen, Augenrollen, Zittern, Kopfschütteln usw. So repräsentieren die Häuser im indischen Horoskop eben auch die emotionalen Haltungen eines Menschen in einem bestimmten Lebensbereich.

Im Einzelnen bezeichnen im indischen Horoskop die verschiedenen Häuser die folgenden Bereiche des individuellen Lebens:

1. *Haus:*	Das eigene Ich
2. *Haus:*	Kindheit, Erziehung, materielle Verdienste
3. *Haus:*	Energien und Kräfte
4. *Haus:*	Gefühle und Gedanken
5. *Haus:*	Kreativität und Intelligenz, auch die Zeugung und Erziehung von Kindern
6. *Haus:*	Siege und Niederlagen, Krankheiten
7. *Haus:*	Liebe, Ehe und Partnerschaft, Freunde
8. *Haus:*	Lebenserwartung und Tod
9. *Haus:*	Schicksalhafte Erfahrungen
10. *Haus:*	Beruf, Erfolg und Anerkennung
11. *Haus:*	Verdienste
12. *Haus:*	Verluste

Nun kennen die Inder eine ganze Reihe von Methoden, das Geburtshoroskop zu variieren und spezielle Unterhoroskope – so genannte *vargas* – zu erstellen, die je nach Fragestellung eines Ratsuchenden eingesetzt werden. Das *navamsa* zum Beispiel mit seinem starken Bezug zum siebten Haus, gibt Aufschluss über Freunde, Partnerschaften und Ehe. Es wird von jedem indischen Astrologen berücksichtigt.

Mit Hilfe des *ashtaka varga,* des Systems achtfacher Teilung, lassen sich die Stärken und Schwächen der einzelnen Häuser nicht nur im Geburtshoroskop näher bestimmen. Auch die faktischen Planetenbewegungen durch die Häuser – Transite im Fachjargon – lassen sich damit genauer bewerten. Es leuchtet ein, dass Planeten, wenn sie durch starke Häuser, also bestimmte Abschnitte des Tierkreises und damit des Horoskops laufen, mehr bewirken, als wenn sie durch schwache Häuser laufen.

Das *ashtaka varga* bildet eine wichtige Grundlage zur Bestimmung des Todeszeitpunkts eines Menschen, wenn auch sicher nicht die einzige.

Gerade das Thema vom Zusammenspiel der Häuser, Zeichen und Planeten im indischen Horoskop ist sehr komplex. Nicht nur, dass bestimmte Häuser von bestimmten Planeten beherrscht werden oder dass Planeten in verschiedenen Zeichen Würden und Schwächen zukommen, sie auf speziellen Graden sogar besonders stark oder schwach wirken, in der indischen Astrologie haben Planeten auch Freunde, Feinde sowie neutrale Gefährten unter ihresgleichen. Steht ein Planet demnach im Haus eines Feindes, hat das natürlich andere Auswirkungen, als wenn er im Haus eines Freundes oder Gefährten wäre. Außerdem spielen wie in der westlichen Astrologie auch die Aspekte eine wichtige Rolle, also die Frage, wie die Kräfte der einzelnen Planeten aufeinander oder auf bestimmte Häuser wirken und was daraus resultiert.

Eine echte Besonderheit der indischen Astrologie stellen in diesem Zusammenhang *Nadis*, astrologische Lehrsätze also, dar, die sich mit allen möglichen Kombinationen von Zeichen, Häusern, Planetenständen und Aspekten beschäftigen. Hunderte solcher Nadis, zuweilen *Yogas* genannt, finden sich in den vielen alten Palmblattmanuskripten und zudem in anderen klassischen Werken zur alten indischen Astrologie. So lassen diese Nadis spezielle Abläufe oder Umstände im Leben eines Menschen erkennen, doch ihre Anwendung verlangt sehr große Erfahrung und viel Fingerspitzengefühl, weil der Interpret aus der Vielzahl der sich häufig auch widersprechenden Aussagen eine sinnvolle Synthese bilden muss.

Oft kommen dazu auch noch andere Anhaltspunkte für die

Deutung eines Horoskops ins Spiel. Transite zum Beispiel, Schnittpunkte von Umlaufbahnen, die Lage der Horoskopachsen etc. ermöglichen weitere Differenzierungen.

Doch die Grundlagen der indischen Astrologie speziell darzustellen, soll, wie gesagt, das Ziel eines eigenen Werkes sein. Grundsätzlich sei nur eines hier nochmals hervorgehoben: Ein Palmblatthoroskop stellt eine wertvolle Hilfe dar, sein Leben besser zu verstehen und das Schicksalhafte darin zu akzeptieren. Das Wissen um die Zukunft lässt Existenzängste beheben, es führt aus Unsicherheit und Isolation heraus und macht auf die wahre Konzeption, was ein Mensch ist, aufmerksam. Die genaue Kenntnis des eigenen Horoskops kann helfen, die Zukunft zu transformieren und eine dem Individuum adäquate Form der Erlösung zu finden.

Bei all den vielen, entscheidenden Abweichungen der westlichen von der indischen Astrologie und besonders bei der großen Verschiedenheit zwischen ihren Vorhersagetechniken, ist es manchmal schon erstaunlich, dass bestimmte Deutungen eines Horoskops in beiden Systemen übereinstimmen – von den Parallelen, die das Leben schreibt, einmal ganz abgesehen.

Astrologische Symbole und ihre Bedeutungen

♈ -	Widder
♉ -	Stier
♊ -	Zwillinge
♋ -	Krebs
♌ -	Löwe
♍ -	Jungfrau
♎ -	Waage
♏ -	Skorpion
♐ -	Schütze
♑ -	Steinbock
♒ -	Wassermann
♓ -	Fische
☉ -	Sonne
☽ -	Mond
♂ -	Mars
☿ -	Merkur
♃ -	Jupiter
♀ -	Venus
♄ -	Saturn
☊ -	Rahu (oberer Mondknoten)
☋ -	Ketu (unterer Mondknoten)
♅ -	Neptun
♇ -	Pluto
♅ -	Uranus

Bibliografie

Brighu, Maharishi: Brighu Sutram, hrsg. v. Dr. G. S. Kapoor, New Delhi 1996

Dreyer, Ronnie Gale: Vedic Astrology. A Guide to the Fundamentals of Jyotish, York Beach 1997

Embree, Ainslee T. / Wilhelm, Friedrich: Indien. Geschichte des Subkontinents von der Induskultur bis zum Beginn der englischen Herrschaft, Frankfurt am Main 1967

Frawley, David: The Astrology of the Seers. A Comprehensive Guide zo Vedic Astrology, New Delhi 1994

Hamel, Jürgen: Geschichte der Astronomie. Von den Anfängen bis zur Gegenwart, Basel 1998

Houk, Richard: Der Tod in der Astrologie. Das Tabu-Thema astrologischer Todeskonstellationen in neuem Licht, München 1997

Institute of Asian Studies IAS (Hrsg.): Palmleaf and other Manuscripts in Indian Languages. First National Seminar on Manuscriptology, Madras 1996

Keller, Hans-Ulrich (Hrsg.): Kosmos Himmelsjahr 2000. Sonne Mond und Sterne im Jahreslauf, Stuttgart 2000

Keller, Hans-Ulrich (Hrsg.): Kosmos Himmelsjahr 2001. Sonne Mond und Sterne im Jahreslauf, Stuttgart 2001

Krishnamurti, K. S.: Casting the Horoscope, Madras 1971

Mihira, Acharya Varaha: Brihat Jataka, New Delhi 1985

Mihira, Acharya Varaha: Dairajna Vallabha, New Delhi 1996

Mihira, Acharya Varaha: Brihat Samhita, New Delhi 1989

Patel, Chandulal S. / Subramania Aiyar, C. A.: Ashtaka Varga, New Delhi 1996

Patel, Chandulal S.: Navamsa and Nadi Astrology, New Delhi 1996

Parasara, Maharishi: Brihat Parasara Hora Sastra,
New Delhi 1991
Papke, Werner: Die geheime Botschaft des Gilgamesch.
4000 Jahre alte Aufzeichnungen entschlüsselt,
Augsburg 1996
Rao, R. G. (Hrsg.): Brighu Nandi Nadi, New Delhi 1991
Sage Gargacharya: Garga Hora, New Delhi 1993
Sage Gargacharya: Satya Jatakam, New Delhi 1993
Sri Mantreswara: Phaala Deepika, hrsg. v. Dr. G. S. Kapoor,
New Delhi 1991
Varma, Kalyama: Saravali, New Delhi 1983
Weiser, Samuel (Hrsg.): Eastern Systems for Western
Astrologers. An Anthology, York Beach 1997
Zeyen, Tigo: Das Palmblatt-Orakel. Lebenserwartung und
Wiedergeburt in der altindischen Astrologie,
Kreuzlingen/ München 2000

Ihr persönliches indisches Horoskop können Sie unter www.palmblattorakel.de bestellen.

Liz Greene

Sag mir Dein Sternzeichen, und ich sage Dir, wie Du liebst

Romantische Sternstunden der Liebe mögen vergänglich sein, was Tierkreiszeichen und Planeten über unsere Partner aussagen, wird jedoch aller Voraussicht nach Bestand haben. Dieses gescheite und vergnügliche Kompendium entschlüsselt die himmlischen Spielregeln. Und so könnten Ihnen die psychologisch fundierten und dabei humorvollen Charakterisierungen von Liz Greene zum unentbehrlichen Leitfaden in Partnerschaftsfragen werden.

Brigitte Hamann

Die zwölf Archetypen

»Die zwölf Archetypen«, wie sie der Tierkreis versinnbildlicht, stellen ein einzigartiges Panoptikum zum Verständnis unserer scheinbar so komplexen Welt dar. Jeder Typus bzw. jedes Tierkreiszeichen wird hier unter einer Vielzahl von Gesichtspunkten beschrieben: Symbole und Mythologie, Beziehung zu Tarot und I Ging, Sagen und Märchen, Farben, Pflanzen, Mineralien und Landschaften. Die schier unerschöpfliche Anzahl von Entsprechungen macht das Buch zu einem Muss für Anfänger und Astrologen.